suhrkamp taschenbuch 4026

Silvester: eigentlich nur ein Datum, aber eines, dem man sich schwer entziehen kann, wenn einem die Knaller um die Ohren fliegen und die Flucht aufs Land spätestens im Oktober geplant werden muss. Und die stillen Tage zwischen den Jahren, in die man nach Weihnachten satt und faul driftet: Die einen genießen sie, andere ergreift die Panik, wenn Rückschau und innere Einkehr drohen. Und immer wieder hofft man hartnäckig auf Erneuerung. Man möchte ein besserer Mensch werden, bewusster leben, weniger fernsehen. Siebzehn neue Geschichten über die Tage am Ende des Jahres. Was bringen sie außer Katerstimmung und hohen Rechnungen? Was genau geht da eigentlich zu Ende?

Und was beginnt?

Gute Vorsätze, schlechtes Karma

Geschichten vom Ende des Jahres

Herausgegeben von
Harriet Köhler
und Karsten Kredel

Suhrkamp

suhrkamp taschenbuch 4026
Erste Auflage 2008

Druck: CPI – Ebner & Spiegel, Ulm
Printed in Germany
Umschlag: Göllner, Michels, Zegarzewski
ISBN 978-3-518-46026-9

1 2 3 4 5 6 – 13 12 11 10 09 08

Inhalt

DBC Pierre ▸ Mit Reptilien trinken

Besauf dich nie mit Echsen in einer Silvesternacht.

Ich hab's versucht, großer Fehler.

Man denkt sich nichts Böses, hat ein Glas in der Linken, in der Rechten eine Echse, und dann dreht man sich zu ihr um und hält bloß noch ihren verfickten Schwanz in der Hand. Man will sie umarmen, ein Frohes Neues wünschen, doch ihr Körper ist verschwunden, einfach so. Dann steht man da mit dem Schwanz und kommt sich vor wie ein Idiot.

Nicht, dass jetzt jemand denkt, es geht um einen schrecklichen Unfall, so einer bin ich nicht, kein Blutvergießen. Das Ding ist, es gibt Echsen, die können ihren Schwanz abwerfen. Einfach so. Nach Belieben.

Man muss ihn dann halt begraben.

Und sich überlegen, was man den anderen Gästen erzählt.

Genauso Schlangen – mit denen sollte man sich auch nicht besaufen zu Silvester.

Ich hab's versucht, ein Scheißspiel.

Grad noch hat man in der Linken ein Glas und die Rechte sanft um eine große Schlange gelegt. Und zack ist sie fort, die Schlange, ist irgendwie aus ihrer Haut geschlüpft, die Haut ist noch da und man selber auch, nur die Schlange nicht.

Scheiß Schlangen. Nicht zu trauen, den Biestern, lassen einen einfach sitzen mit ihrer Haut.

Dann tut man so, als sei das ein Windspiel oder ein Fähnchen, was man da in der Hand hält, und kommt sich vor wie ein Hippie. Schon mal versucht, jemandem zu erklären, was man mit einer Schlangenhaut vorhat?

Genauso gut könnte man gleich mit Jesusgewändern und Holzperlenketten rumlaufen.

Ich könnte wetten, hinter diesem ganzen Malheur im Garten Eden steckt eine Schlangenhautgeschichte. Von da an liefen alle nur noch rum wie Zen-Hippies, mit langen Gewändern und Perlen, alles wegen diesem einen Tag. Und wer sollte es ihnen verübeln? Adam versucht, ein nacktes Mädchen im Obstgarten zu beschwatzen, und dann passiert die Sache mit der Schlangenhaut.

»Was'n das?«, hat sie vermutlich gefragt, genau in dem Moment, als sie scharf wurde, als ihr Gehirn entschieden hatte, es mit ihm zu probieren. Das soll ja Wissenschaftlern zufolge bei Mädchen ziemlich schnell gehen.

Und er: »Ach nichts, nur so ein Zen-Windspiel. Hab ich dir eigentlich schon meine Perlen gezeigt?«

Besser, man vergräbt Schlangenhaut sofort.

Einmal war ich Silvester allerdings so betrunken, dass mir, als ich mich umschaute, plötzlich auffiel, Scheiße, *ich* bin derjenige mit dem Schwanz. Ich hatte ihn nur aus den Augenwinkeln gesehen und tat so, als wäre nichts, ich redete einfach weiter, nur für den Fall, dass jemand was mitbekommen hatte. Später ging ich zur Toilette, und er war tatsächlich da. Ich hätt sterben können vor Scham. Ich stopfte ihn in ein Hosenbein, aber das war auch keine Lösung, die Schwanzspitze schaute unten raus wie ein Stück Kacke.

Ich war so was von erleichtert, als ich rauskam und sah, dass noch mehr Gäste Schwänze hatten. Werner Niedermayer zum Beispiel. Werner Niedermayer! Und diese Gisela hatte auch einen, einen schlanken weißen. Er schimmerte genau wie ihre Haut, seine Spitze schleifte über den Boden. Ich fragte mich, wo genau er wohl an ihren Körper angewachsen war, ich konnte nicht anders. Wie viel von ihrer Arschritze darunter lag, und ob es ihr, wenn ich sie feucht machen würde, am Schwanz runtertropfte? So Zeug ging mir durch den Kopf.

Und dann wäre ich fast draufgetreten.

Sie ließ ihn mit einem kleinen Hüftschwung zur Seite schnellen, ziemlich sexy. Ich war beeindruckt. In jener Nacht wurde es nichts mit uns, obwohl ich mir die ganze Zeit vorstellte, wie es wäre, meine Hand an ihrem Schwanz nach oben zu schieben, bis sie erbebte.

Einmal wurden um acht Tequilas aufgefahren. Das nächste, woran ich mich erinnere, es muss um Mitternacht rum gewesen sein: Ich trete beiseite, um jemanden vorbeizulassen, und meine Haut bleibt zurück. Ich hätt sterben können vor Scham. Und als wär das nicht schon schlimm genug, stieß jemand mit seiner Zigarette dagegen, und der Rauch zog in Schwaden aus der Küche.

Es gab Fritten und Dips, aber plötzlich hatte kein Mensch mehr Appetit.

Ehrlich, ich war so was von erleichtert, als ich ins Bad kam und neben dem Papierkorb zwei eingefallene Häute sah. Ich hätte schwören können, dass eine davon Werner Niedermayer war. *Werner Niedermayer*! Eingefallen und leer.

Der verdammte Tequila. Das war mein erster Gedanke. Doch als ich zurückkam – irgendjemand hatte meine Haut in der Zwischenzeit auf den Balkon geräumt –, sah ich Niedermayer auf dem Sofa lümmeln, frisch wie aus dem Ei gepellt, umringt von Frauen. Alle schauten ihn mit glänzenden Augen an wie in einer Deo-Reklame, und er suhlte sich in der Aufmerksamkeit.

Niedermayer, verdammte Scheiße.

Er war am Erzählen, und zwar erklärte er, wenn ich mich trotz des Tequilas recht erinnere, dass eine Silvesterparty nichts mit dem neuen Jahr zu tun hätte, sondern mit dem alten. Mit dem alten Jahr, genau, das war es. Und alle bekamen dieses Funkeln in den Augen. Neben der Stereoanlage sah ich noch eine frische Haut, und es lief dieser pumpende Dance-Groove, der die Haut zum Tanzen brachte. Sah aus wie ein Omchen, das es noch mal wissen will.

Jedenfalls, das alte Jahr. Das war offenbar der Schlüssel zur Party. Wenn ich es richtig verstanden hab, gibt es Leute, die am Ende eines harten Jahres konzeptuell Kontrolle über ihren Körper ausüben und den Stress und die Rückschläge der letzten zwölf Monate in einen Schwanz oder die Haut auslagern können. Sie sind in der Lage, den ganzen Mist, den sie gebaut haben, kodiert dorthin zu verschieben, dort zu lagern und in der Neujahrsnacht einfach abzustoßen. Und dann neu anzufangen.

Und das Ganze soll wohl konzeptuell vonstatten gehen.

Niedermayer, verdammte Scheiße. Ich brauchte jetzt dringend mehr zu trinken. Am liebsten hätte ich gefragt, was dann mit den Chinesen ist, die haben noch nicht mal einen 1. Januar.

»Oh, Werner«, sagten alle.

Am liebsten hätte ich gefragt, wie er dieselbe Menge schlechtes Karma, die in einen Schwanz passt, der in seinem Fall mal mindestens zehn Kilo wiegen müsste, in einer Haut unterbringen will, die so leicht ist, dass sie zusammenfällt wie ein trockenes Kondom.

»Oooh, Werner.«

In diesem Jahr haben wir eine Motto-Party, Tropen. Keine Ahnung, was außer dem Saft in der Bowle war, jedenfalls liege ich jetzt schon am Boden. Und nicht nur das, es ist auch, als wäre ich blind, als hätte man mich in ein Knäuel grober Wolle gewickelt und ich wäre blind. Jetzt muss nur noch jemand kommen und auf mich drauf aschen, dann geh ich in Flammen auf. Ich könnt sterben vor Scham, ganz ehrlich. Falls ich nicht vorher verbrenne.

Außerdem ist mein Drink weg.

Ich kratze eine Öffnung in die Wolle, es geht ganz leicht. Ein Spalt öffnet sich, ich bin doch nicht blind, nur eingewickelt in diese Wolle. Ich rolle mich mit dem ganzen Knäuel etwas nach links, und wen sehe ich, wie er drüben beim Sofa aus einem wollenen Torpedo steigt: Werner Niedermayer. Er klebt am ganzen Körper, als hätte er sich vollgekotzt. Wahrscheinlich hat er sich vollgekotzt, wer weiß, was sie ihm in die Bowle getan haben.

Und dann – Jesses Maria – richtet er sich auf, und auf seinem Rücken entfalten sich diese großen Membranen. Alles springt auf.

Es sind Flügel.

»Oh, Werner!«, sagen alle.

Einer der Gäste, ich glaube die Rothaarige vom Italiener oben an der Brücke, lacht und öffnet die Balkontür.

Inzwischen habe ich beide Hände frei, doch was mache ich? Greife nach einem neuen Drink.

Niedermayer fliegt durch die geöffnete Tür ins Dunkel.

»Frohes Neues, Niedermayer«, brülle ich. Er hört mich nicht, typisch. Man sieht ihn nicht mal mehr.

Ich werde ihm folgen müssen.
Niedermayer. Scheiße.

Aus dem Englischen von Karsten Kredel

Rainer Schmidt ▸ London Calling

Sie kommen immer nachts. Max weiß nicht, wann und wie sie es in sein Zimmer schaffen. Aber jeden Morgen sieht er ihre Spuren, manchmal wenige Zentimeter neben seinem Kopf. Es sind feucht glänzende Streifen, klebrig, fingerbreit, meterlang, sie fangen irgendwo an, meist auf dem Holzboden, manchmal auf dem Teppich, sie ziehen sich von dort hell auch über die große Matratze am Boden, über das schwarze Bettlaken, erst gerade, dann in großen Bögen die Richtung ändernd, sie verlieren sich immer im Nichts. Ab und zu streifen sie auch das Kissen, das Kissen, auf dem sein Gesicht liegt. Einmal sah er zwei schimmernde Kreise auf Brusthöhe, sie hatten den Platz zwischen Matratzenkante und Körper maximal ausgenutzt, es war Millimeterarbeit, so demonstrativ nah, er nahm es sehr persönlich. Er weiß nicht mehr, wann es anfing, plötzlich waren sie da. Nur sein Zimmer durchqueren sie, Erdgeschoss, Vorderseite, als einziges im ganzen Haus.

»Slugs«, sagen seine Mitbewohner, es müssen Schnecken sein. Sie lachen. Er hasst sie dafür. Er traut ihnen nicht. Nachts schließt er jetzt heimlich die Zimmertüre ab. Die Spuren sind trotzdem da. Es ist die Witterung, die Kälte macht sie mürbe, was weiß ich, hat Kulbir achselzuckend gesagt, weil er den Eindruck hatte, etwas sagen zu müssen, vorgestern Abend, als sie sich in der Küche nicht ignorieren konnten, bevor er wie immer in der Nacht verschwand. Das wird schon seine Gründe haben, dass sie nur zu dir kommen, hatte Amy hinzugefügt und dabei nicht von ihrer *Sun* am Tisch aufgeblickt. Ihre Stimme vibrierte, Max antwortete nicht.

Amy hat sein Foto von Charlotte von der Wand gerissen, sie war sehr betrunken, als sie in sein Zimmer stürzte, sie verzeiht ihm nicht, dass er einmal mit ihr geschlafen hat, damals, kurz nachdem er aus Deutschland gekommen war, nach der Housewarming-Party. Amy hatte sich einfach nackt neben ihn ins Bett gelegt, Monate ist das her, aber sie verachtet ihn, weil er sie seitdem nie mehr geküsst hat, abends im Pub, wenn sie die Arbeit im Sozialamt Brixton mal wieder nicht erträgt und ihr französischer Freund weit weg ist. Sie blickt ihn spöttisch an, wenn er morgens im Anzug das Haus verlässt, der neue Job in der City. Er hat ihr gesagt: Es war schön, aber es war ein Fehler. Du weißt, da ist Charlotte. Seit fünf Jahren. Ich liebe sie. Danach hat er Amy durch die offene Tür in ihrem Zimmer weinend sitzen sehen. Manchmal schlägt sie jetzt die Hacken zackig zusammen und legt sich zwei Finger wie einen Schnurrbart über die Lippen, wenn sie ihn auf dem Flur trifft. Sie findet das lustig oder will ihn beleidigen. Er kann ihr nicht helfen.

»Das wird schon seine Gründe haben« – er hätte ihr für diesen Satz gerne ins Gesicht geschlagen, einfach so. Vielleicht hat sie aber auch Recht. Er kennt sich mit Schnecken nicht aus. Vielleicht wollen sie ihn vertreiben. Das letzte besetzte Haus im Süden der Stadt, damals, London Calling. Amy und Kulbir ist das sehr wichtig. Sie führen das als Entschuldigung an oder als Ermahnung, er will es nicht mehr hören. Es hat ihn mal interessiert, ganz kurz, eine schöne Anekdote für die Freunde zu Hause, die niedrige Miete war ihm wichtiger. Jetzt sieht er mehr. Brüchige Bohlen, zugige Fenster, im Wohnzimmer riecht es zu oft nach Gas, die gesprungenen Kacheln, der Abfluss verstopft, eigentlich immer. Die Akten aus dem Büro werden über Nacht klamm, auf den Lederschuhen sieht er Spuren, er muss hier raus. Gleich nach Silvester. »Das wird schon seine Gründe haben.« Er will nicht, dass Amy Recht hat, er kann es auch nicht ausschließen.

Er kriecht auf allen vieren, tastet Leisten ab und leuchtet die Fugen durch. Er findet keine Antwort. Er bleibt extra lange auf, lässt das Licht an, bis er vor Erschöpfung einschläft. Er wälzt sich hin und her im Hellen, sollte eigentlich den Arm ausstrecken, die Finger auf den Schalter legen, wirre Muster schieben sich an seinen geschlossenen Augen vorbei, die Deckenlampe leuchtet durch die dünne Haut der Lider, er will an Charlotte denken und sieht kein Bild, ein Gesicht nur, es könnte jede sein, er muss endlich das Licht ausmachen, so kann er nicht schlafen, aber es geht nicht, sein Arm ist nicht lang genug.

Sein Gesicht juckt, er will kratzen und greift in zähen Schleim, sein Fuß stößt gegen etwas Glitschiges, er kriegt keine Luft mehr unter zuckendem Weichen, er wacht auf, zerschlagen und unruhig, er sucht den Raum ab, sie sind nicht zu sehen. Es kann eine neue Taktik sein, vielleicht hat er auch zufällig die Lösung gefunden. Also lässt er das Licht an, nächtelang, sie bleiben fern. Max spürt eine grimmige Zufriedenheit, aber er will nicht im Hellen schlafen, er will morgens nicht mit schweren Augen und dunklen Schatten darunter aufwachen. Die Zahlen rauschen im Büro an ihm vorbei, alles verschwimmt, endlose Kolonnen auf dem Bildschirm, sie sagen ihm nichts mehr, er sieht nur feucht glänzende Spuren, weiße Bögen, unscharfe Kreise, überall. Er muss sich konzentrieren. Der Deal, sein erster großer Deal, der letzte für die Firma im alten Jahr, seine Bewährungsprobe, Donnerstag, 9 Uhr, Fleet Place, 3rd Floor, einen Tag vor New Year, er darf es nicht vermasseln. Er sieht kaputt aus, alle denken, er reibt sich für den Deal auf, aber die Schnecken machen ihn kaputt. Er könnte das witzig finden, ihm fehlt die Kraft.

Max redet nicht darüber. Er würde Charlotte gerne davon erzählen, aber er kann nicht. Er hat einen dichten Salzring um sein Bett gelegt, einen Schutzwall, damit sie sein Bett nicht mehr erreichen, Salz bringt sie um, hat er gelesen, sollen sie elendig verrecken, er hat diesen Krieg nicht gewollt. Er saugt jeden Morgen, die anderen sollen das Salz nicht sehen. Charlotte ist weit weg. So lange schon, der große Zeitunterschied, das Knacken in der Leitung, die sekundenlange Verzögerung, sein Deal ist so kompliziert, er kann es kaum erklären, er weiß nicht, ob sie das alles wirklich wissen will. Sätze treffen sich auf halbem Weg und versinken zusammen im elektrostatischen Rauschen irgendwo zwischen den Kontinenten, letztens wieder keine Verbindung, dann eine halbe Minute Hilflosigkeit, das laute Schweigen, die vielen nicht gesagten Sätze. Da kann er nicht über Schnecken reden.

Er muss beides vor Silvester aus der Welt schaffen, den Deal und die Schnecken, er will einen Neuanfang, bevor er zu Charlotte reist. Er kauft ein Verlängerungskabel und legt sich den Lichtschalter direkt unter das Kissen. Wenn er aufwacht, kann er sie überraschen, auf frischer Tat ertappen, er muss wissen, von wo sie eindringen und wohin sie verschwinden, ohne Verzögerung das Licht aufblitzen lassen, ihnen keine Chance geben zur Flucht, das ist der Plan, ein guter Plan, denkt Max. Heute Nacht die Schnecken, morgen der Deal, dann Charlotte. Er stellt sich den Wecker für vier Uhr, das ist ihre Zeit, er spürt es. Er schläft sofort ein, Lichtschalter unter dem Kissen.

Das Telefon klingelt vor dem Wecker. Er rührt sich nicht. Zählt mit. Amy lässt Dominique nie länger als drei Mal klingeln, vier, fünf, sechs, also rechnet Amy nicht mit seinem Anruf, Kulbir ist nicht zu Hause, der Wecker zeigt Viertel nach drei, wie spät ist es da drüben, so viele Stunden später, zu kompliziert, irgendwas am Tag, aber gerade jetzt, kann eigentlich nicht sein. Er drückt den Schalter unter dem Kissen, blinzelt, stolpert zur Tür, zieht das Badehandtuch aus der Ritze, sie sollen ja nicht durch die Spalte kommen können, er dreht leise den Schlüssel um, er stolpert im Flur über Amys alte Doc Martens, fällt auf ein Knie, flucht, ihre Schuhe von früher, all diese Geschichten, die Demos, der Kampf, die Punk-Szene, die Arbeiter, sie mittendrin, damals, er kann es nicht mehr hören, der helle Singsang, angetrunken in der Küche schon am frühen Abend, er sieht die zusammengeknüllten Taschentücher auf der Bank, sie hat wieder geweint, das Sozialamt in Brixton, ihr Job, sie hält es nicht aus, die Sicherheitsschleusen, den Hass, die betrunkenen Punks, die asozialen Arbeiter, alle wollen mehr Geld, sie schreien sie an, sie greifen nach ihr, die Security kommt, fast jeden Tag, im Bad findet er manchmal dicke Haarbüschel von ihr, der Stress, hat der Psychologe vom Amt gesagt, das geht hier vielen so.

»Ja?!«

Es rauscht leicht, er kennt das, die Verzögerung.

»Ich bin's.«

Er zieht an dem Kabel, das klemmt irgendwo fest, er ruckelt heftig daran.

»Warte!«

Er kann nicht reden, hier, mitten auf dem Flur, vor Amys Tür, warum ruft sie jetzt an, gerade jetzt, um diese Zeit, sein Herz pocht heftig, zu schnell aufgesprungen, zu aufgeregt, der Magen zieht sich zusammen, er befreit das Kabel aus Amys Fahrrad, das hier nicht stehen sollte, wie oft haben sie das diskutiert, immer wieder steht es da, er sollte es ihr jetzt sofort ins Zimmer schmeißen, er muss hier bald raus, sonst dreht er durch, das Kabel gibt nach, aber nicht genug, er schafft es gerade in sein Zimmer, zieht die Tür zu und setzt sich auf den Holzboden.

»Jetzt geht's«, sagt er.

Er hört einen feinen Wind, vielleicht eine atmosphärische Störung, sonst nichts.

Seine Lider brennen, er muss mehr schlafen. Wenn er morgen früh versagt, war alles umsonst.

»Charlotte?«

Er presst den Hörer an sein Ohr und hofft, dass sie in diesem Moment nichts gesagt hat, weil die Worte sich sonst irgendwo da oben am Satelliten treffen und sich gegenseitig behindern und nur Buchstabenteile des anderen durchlassen, er hasst das Reden unter diesen Bedingungen fast noch mehr als das erschöpfte Schweigen, in dem dieses Ringen zu oft endet. Warum ausgerechnet China, es war nicht seine Idee. Sie hätte mit nach London kommen können, denkt Max und weiß nicht, ob er das auch so meint. Er betrachtet seine Füße, an denen Salz klebt. Keine Schnecken.

»Wie geht es dir?«

Ihre Stimme wirkt verzerrt. Max blickt zur Uhr, es ist zwanzig nach drei, in vier Stunden sitzt er im Taxi, Fleet Place, der Deal, der alles entscheidet, das weiß sie doch. Er mustert die gepackten Koffer, zwei große metallene Samsonite, für vier Wochen zu ihr, der ganze Jahresurlaub, reden ohne das Rauschen, nach all diesen Monaten, dann wird alles wieder gut werden.

»Übermorgen komme ich, freust du dich?«, sagt Max und starrt auf die Salzbarriere. Er muss noch saugen vor der Abreise, er will auf keinen Fall, dass Amy und Kulbir seinen Schutzwall sehen.

»Wie ist das Wetter in London?«

Max versteht sie nicht oder kann es nicht glauben. Es fiept leise.

»Was hast du gefragt?«

Der Vorhang am Fenster bläht sich, die alten Holzrahmen sind so durchlässig. Er hatte Charlottes Foto mit vier Heftzwecken an der Wand befestigt, sonst hätte es bei geschlossenen Fenstern geflattert. Das finden die hier normal. Wenn er nach dem Aufstehen das Salz wegsaugt, wird Amy wach werden, er wird es nicht vermeiden können. Max stopft das Badehandtuch wieder in die Türritze, vom Flur her zieht es kalt. Er hört ein Glucksen aus seinem Inneren, der Magen krampft.

»Wie ist das Wetter bei euch?«

Es ist aus, denkt Max und sieht sich da sitzen, in Unterhose und T-Shirt, direkt neben der Tür, der Salzdamm um den Futon mit dem schwarzen Laken, die Stange mit den Anzügen, in der City ist das Pflicht, er fühlt sich damit so erwachsen, das Gefühl, dazuzugehören ist ein erhebendes, immer noch, wie unpassend sie dort hängen, auf der Stange in diesem runtergekommenen Zimmer, in dem er sich von Charlotte verabschiedet hat, bei ihrem letzten Besuch, als sie ihm sagte, dass sie nach China gehen würde, ein paar Monate bloß, das würden sie schon schaffen, nach all den Jahren, glaubst du nicht auch? Es klang wie ein Flehen, er hatte nichts gesagt. Er hatte sie nicht gefragt, ob sie mit ihm in London bleiben will. Er weiß nicht, warum. Charlotte hatte ihn umarmt, ihr Haar roch fremd. Er hatte an Amy denken müssen, an die eine, betrunkene, verbotene Nacht, nie wieder, hatte er gedacht, nie wieder, ein blöder Unfall, nichts weiter. Ja, das glaube ich auch, hatte er gesagt und Charlotte so fest an sich gepresst, dass sie ihn nicht küssen konnte.

»Charlotte, hast du jemanden kennen gelernt?«

Er würde jetzt gerne auflegen, aber das kann er nicht machen.

»Ich weiß nicht.«

Er schließt die Augen.

»Ja, nein. Max.«

Hinter seinen Lidern explodieren Blitze. Das Salz kitzelt plötzlich an den Fußsohlen.

»Charlotte, soll ich überhaupt noch kommen?«

Sein Ohr rauscht lauter als die Leitung.

»Ja, bitte.«

»Okay«, sagt Max und legt auf.

Er starrt auf den Apparat, oben hört er Schritte, Kulbir muss doch da sein, das Surren in seinem Ohr kommt in Wellen. Er öffnet kraftlos die Tür im Sitzen, schiebt das Telefon auf den Flur, es gehört allen, er will keinen Ärger, wie oft hat er sich beschwert, wenn Amy nach ihren Gesprächen mit Dominique einfach mit dem Hörer in der Hand einschläft und niemand erreichbar ist. Er zieht die Knie heran und legt seinen Kopf drauf, er sieht, wie seine Hände zittern, Gänsehaut auf den Schenkeln, es ist plötzlich so kalt, verfluchtes Zimmer, gestern erst hat er ein paar Münzen in den Stromkasten für die Heizung unter der Treppe geworfen, was für ein albernes System, denkt er jedes Mal. Die Stirn wirkt heiß, er spannt die Brustmuskeln an, als ob das wärmen würde. Max beugt sich weit nach vorne, stützt sich mit den Händen ab, auf allen vieren, spürt die harten Salzkörner unter seinen Knien, er darf das Saugen später nicht vergessen, das muss alles weg, er streckt den Arm, so weit es geht, zieht das Oberbett von der Matratze zu sich, keine Spuren, sie waren noch nicht da, er hüllt sich ein, steht kurz auf, er kann so nicht schlafen, der Deal, die vielen Zahlen, das nicht vermasseln, in ein paar Stunden, er muss sich auf jeden Fall rasieren, das darf er nicht vergessen, er kennt die Regeln, er wird die rot-blaue Club-Krawatte nehmen und die feinen Nadelstreifen, der Deal, die letzte große Hürde, aber der Körper verhandelt ganz andere Sachen, das lenkt ihn ab, was da alles zieht und drückt und nicht mehr wärmt und seine eigenes Spiel jetzt spielt. Er spürt das Salz unter seinen Füßen, der Wall ist zerstört, ein weißer Schleier bedeckt den Boden, tief gestaffelte Verteidigungslinien, wie die Westwallreste in der Eifel, überlegt Max, er lebt schon zu lange in diesem Land, die machen einen noch ganz mürbe, mit ihren ewigen Geschichten vom Krieg.

Er greift sich den Glenfiddich, riecht kurz an der geöffneten Flasche, zwanzig vor vier, er würde sich gerne übergeben. Ja, nein, Max. Er rutscht an der Wand herunter, das Oberbett um die Schulter, er schließt die Augen, er hat den Flaschenhals an den Lippen und legt den Kopf mit einem Ruck in den Nacken. Fünf Jahre. Er spürt die Flüssigkeit kommen, es brennt, der Körper will das nicht, er muss sich konzentrieren, er würgt und hustet, er ist zufrieden, alles bleibt drin. Er starrt nach oben. Die Glühbirne, die Decke, so niedrig. Er muss hier raus. Die Schnecken wollen ihn nicht. Er sieht Kulbirs spöttischen Blick, den Vorwurf in Amys Augen, er spürt Salzkörner überall, an den Knien, an den Fußsohlen, auch an den Fingern und an der Flasche. Auf dem Tisch liegt das Ticket, daneben sein Pass, Rückflug in vier Wochen, die zwei Chromkoffer glänzen matt, vielleicht sollte er nur einen mitnehmen, all das nutzlose Zeug, er weiß es nicht. Er muss noch saugen. Seine Lippen schmecken nach Whiskey. Er wischt sich die Tränen mit dem Handrücken aus dem Gesicht. Neben der Matratze unterm Fenster, auf der anderen Seite des Zimmers, schimmert es jetzt hell, er kann es kaum erkennen, ein neuer Streifen, er wird länger, er wird das überprüfen, gleich.

Er wacht auf, zerschlagen auf dem Holzboden. Das Telefon auf dem Flur ist weg, das Kabel verschwindet in Amys Zimmer. Auf dem Weg vom Bad zurück sieht er die Papierschnipsel, direkt neben seiner Tür, er erkennt den Teil eines Mundes, der ihm sehr bekannt vorkommt. Es ist Charlottes Bild, das Amy abgerissen hat. Als er mit der Aktentasche zum Taxi läuft, steht sie plötzlich im Rahmen in ihren schwarzen engen Gymnastikhosen, alter Camden-Town-Style, so studentisch, am liebsten für immer. Sie hält ihren Becher mit Tee wie ein Schutzschild vor das Gesicht, ihre Arme wirkten noch länger und weißer als sonst, er sieht die hellen Flecken unter den schwarz gefärbten Haaren auf ihrer Kopfhaut, selbst von der Straße. Sie sagt irgendetwas, vielleicht zu ihm, vielleicht zu Kulbir, er hört nichts, sie bewegt ihren Mund. Er denkt an die Schnecken und steigt ein.

Fleet Place, 3rd Floor, hier im Saal wird er gleich Teil der City werden, internationale Finanzströme, er mittendrin. Amy hasst das, warum muss er ausgerechnet jetzt an sie denken, die kahlen Stellen. Der lange Konferenztisch, er ignoriert besorgte Fragen, eine Erkältung, kein Problem, ja, er wird das durchziehen, natürlich. Auf der Toilette schluckt er heimlich das Pulver, konzentriertes Koffein, es geht nicht anders. Er mustert sich im Spiegel, die Haut rot, große Poren haben sein altes Gesicht verschluckt, nur die Krawatte hält ihn zusammen, niemand darf etwas merken. Das Studium, all die Jahre, er hat sich gequält, alles für diesen Moment, nichts anderes hat er doch gewollt, oder? Er sieht sie stehen, ganz unten, das klare Gesicht, die hohe Stirn, sie blickt in die Runde, hoch bis zur letzten Reihe unter dem Dach, kein Sitz scheint mehr frei, sie bleibt einfach stehen, die Vorlesung beginnt, es interessiert sie gar nicht, sie schaut sich um, dieser Blick, staunend und amüsiert zugleich, die Tasche an ihrer Schulter ist viel zu groß, er will sie kennen lernen, sofort. Mehr als fünf Jahre ist das her, es hätte ein Leben werden können, vielleicht. Sie hat nach dem Wetter gefragt.

Die Begrüßung, höflicher Applaus, die Vorreden, eine halbe Stunde lang, eine Stunde? Er kann es nicht sagen. Dann ist er dran. In China ist jetzt Abendzeit, sie wird an einer Garküche sitzen, sie liebt das, direkt an einer befahrenen Straße, auf einem kleinen Plastikstuhl, sie hat es einmal geschrieben, am Anfang, als sie noch Briefe schickte. Es ist vorbei, sie klatschen und klopfen mit den Knöcheln auf den Konferenztisch, beim Abschied legt ihm der Boss die Hände auf die Schultern, er sagt »Well done« und »We 've got it«, er hat es geschafft, warum und was auch immer.

Er sitzt im Taxi zur U-Bahn, die Stadt dreht sich, der Regen hämmert auf das Dach. Sie haben getrunken, den Erfolg gefeiert, den ganzen Nachmittag, seitdem irrt er umher, gleich ist Silvester, er weiß nicht wohin. Sie haben ihn umarmt und gedrückt, weiße Decken auf den Tischen, Magnumflaschen überall, er musste sich ein rotes Papphütchen aufsetzen, das finden die hier normal, jetzt ist er einer von ihnen, zwei Dutzend Nadelstreifenanzüge mit roter Spitze, er dachte an den erfolgreichen Deal, aber es löste nichts aus, er sah Haarbüschel im Becken und Spuren über die Laken, morgen fliegt er los.

Er presst die Nase an die Scheibe und versucht, im schwarzen Nichts Konturen auszumachen, flackerndes Neonlicht, blinkende Schaufensterscheiben, durch Tropfen an der Scheibe verzerrt, alles verwischt zu einer großen Lichtexplosion, und mitten in der vorbeiziehenden Kulisse sieht er ein Gesicht, das ihn an Charlotte erinnert, die hohe Stirn, die eigenwillig geschwungenen Lippen, jetzt so fremd, eine fremde Frau mit einem Charlotte-Gesicht. Ab und zu verschwindet das Gesicht in gleißendem Licht, ein Scheinwerferkegel oder eine grelle Reklame macht alles kaputt, er wartet, bis es wieder kommt, er will es in Ruhe studieren, vielleicht findet er darin etwas, das ihm alles erklärt. Er kann jetzt nicht nach Hause, unmöglich, noch zwei Stunden bis Neujahr, er lässt den Fahrer sofort halten und stürmt in den Regen, hinein in den nächsten Lärm, irgendein Türsteher verteilt lila Hüte und zeigt lachend auf seinen roten, das Gummi unter dem Kinn zwickt, seine Spitze sitzt schief, sie prosten ihm zu, er muss aufstoßen, der Champagner.

»Ich werde dich immer lieben«, sagt George und Max starrt auf den Oberarm, mindestens 40 Zentimeter Umfang, alles Muskeln, vielleicht ein bisschen Chemie. Die Schicht unter den Zeichen ist aufgeworfen, ein lebendes Relief, alles ganz frisch, keine zwei Tage alt, es sieht nicht gesund aus. Max kann die Konturen kaum erkennen, das Licht ist so schwach, schwarze Farbe auf schwarzer Haut, ein durchgehender Zeichenkranz auf einem mächtigen Arm. »Ich werde dich immer lieben« heißt das auf Chinesisch, sagt George noch einmal und Max nickt, als ob er das bestätigen könne. Die Hütchen um ihn herum hüpfen und wackeln, es regnet Luftschlangen, eine Wand aus unbekannten Leibern, er leert das nächste Bier. Es ist gleich Mitternacht, Silvester, und er sitzt hier mit George, den er gar nicht kennt, und er weiß nicht, ob das traurig ist oder schön, morgen um diese Zeit ist er bei Charlotte, vielleicht schon zu spät.

George war im Irak-Krieg, Basra, ganz vorne, er hat überlebt, so viele andere nicht. Auf seinem Unterarm ist ein langer schimmernder Streifen, eine Narbe, sagt George und schweigt, die ist sichtbar, viele andere nicht. Menschen drängen gegen den Tisch, Korken schießen gen Decke, vor Max stehen zu viele Gläser, er sieht eine Schnecke auf dem Bierdeckel, das Wappen des Pubs, das kann nicht sein, alles verwischt, der Raum wackelt, er muss gleich gehen. George hatte überlebt, er wusste nicht, warum. Er irrte umher, von einer Grenze zur nächsten, monatelang, immer gen Osten, bis er nicht mehr wusste, auf welche Frage er eine Antwort suchte, und dann plötzlich traf er sie, eine Europäerin mitten in diesem fremden Land. Max blickt George an, der hat rote Äderchen in den Augen, die sehen aus wie kleine Blitze, er traf die Europäerin und wurde ganz ruhig, er musste sie nicht bezahlen, er hatte ganz vergessen, dass es das noch gibt, jetzt war die Suche endlich vorbei. Liebe, sagt George und prostet ihm zu, das ist alles, was zählt, die große Liebe. Und als er vor zwei Tagen zurückmusste, haben sie sich bei Sonnenaufgang beide diese Zeichen auf den Oberarm stechen lassen. George leert sein Glas in einem Zug. Max sieht, wie sich die Schriftzeichen verformen, als der Arm das Bier zum Mund führt.

Die Musik setzt aus, der Countdown läuft, der ganze Pub schreit die Zahlen, noch zehn Sekunden, Max sieht, wie George lächelnd ein Foto aus der Brieftasche zieht, morgen fliegt er, endlich, er muss sie fragen, ob sie nicht doch mit ihm nach London will. Two, One, ein Tosen und Brausen, der Boden bebt, »Happy New Year, Max!« George lacht und beugt sich zu ihm rüber, ganz nah, sie will bald nachkommen, sagt er, sie hat es versprochen, er reicht ihm stolz das Bild, »Happy New Year, George!« sagt Max und sieht eine Frau auf einem Motorrad, Cross-Maschine, großes Modell, die Fahrerin reißt das Vorderrad nach oben, mitten in dieser fremden Stadt, ihre Haare flattern im Wind, so frei und glücklich.

Max läuft zur Tür, raus aus dem Pub, stößt gegen Tische und Körper, auf der Straße rauscht und flackert alles, es regnet immer noch, Blitze in Pfützen und am Himmel, helle Streifen überall, es glitzert feucht, er sieht ihr Bild in der Kulisse, es spiegelt sich in einer Scheibe, das Strahlen, die tanzenden Haare, er sieht sie ganz genau, Max kann es nicht glauben, er wusste nicht, dass sie Motorrad fährt. Er muss sofort weg, er springt in ein Taxi, in ein paar Stunden will er doch bei ihr sein, vielleicht schon zu spät. George kommt aus dem »Slug and Lettuce«, er stellt sich in den Regen, Max sieht sein Gesicht – George lächelt.

Detlef Kuhlbrodt ▸ Stiller Wechsel

In der individuellen Wahrnehmung dauert der Jahreswechsel eine Weile und beginnt schon nach Weihnachten. Die Dinge des Jahres sind erledigt, die Dinge, die noch zu tun sind, nicht mehr so wichtig. Eigentlich ist nun alles erlaubt und geboten – Drogen nehmen ohne Ende, Trinken, Ausgehen. Wie ein Feuerwerk soll das Soziale explodieren; unter den Anderen will man sich aufgehoben fühlen. In Gesprächen sein, die etwas anderes sind als nur die Wiederholung des schon zu oft Gehörten. Irgendwie sollen sich die Sätze, die man spricht zueinander, an die Hand nehmen. So stellt man sich das vor.

In diesem seltsamen Reich zwischen den Jahren trifft man oft Freunde, die man sonst viel zu selten sieht. Manchmal entwickelt sich wieder Nähe, und manchmal ist die Nähe nur wie ein Echo vergangener Vertrautheit, eine komische Nostalgie gegenüber nicht verwirklichten Möglichkeiten.

Manche Treffen gehen daneben, die Freundschaften sind zu ungepflegt, immer weniger weiß man voneinander, und das Fehlende lässt sich nicht an einem Abend wieder ersetzen. So trinkt man noch ein Bier gegen die Peinlichkeit und geht auseinander.

Oder man steht auf dem Balkon, raucht eine Zigarette und schaut die Straße hinunter zum Alexanderplatz hin und denkt daran, wie man genau so auch im Jahr zuvor schon nebeneinander auf dem Balkon gestanden hatte. Wir taten dann nichts und redeten wenig, ohne dabei nervös zu werden, obgleich keine Musik lief. Die Stille bestand aus der Straßenbahn von weitem und Autos und unserem Atem.

Oder drei Jahre zuvor: Die Freunde hatten zwischen Weihnachten und Neujahr viel gefeiert. Ich hatte es übertrieben gefunden, sich so entschlossen wegzuballern, aber dann doch mitgemacht, und irgendwann war es Morgen gewesen. Wir saßen auf dem Sofa am Fenster, zweimal blitzte es blau am Rand des Gesichtsfelds, und du warst ein bisschen irritiert, dachtest erst, du wärest jetzt doch wohl grad dichter als gedacht, und meintest dann, es wäre nur etwas Irrlichterndes im Zimmer gewesen, in dem ja so viele Lichterketten blinkten. Einen Moment später donnerte es, und S. fragte: »Hast du das auch gesehn?« – »Ein Gewitter, ja klar.« – »Nein. Guck mal. Der Fernsehturm ist weg!« Der Fernsehturm war tatsächlich weg. Ein paar Sekunden am Morgen war der Fernsehturm verschwunden. Dann war er wieder da.

Oft guckt man Fernsehen zwischen den Jahren. Dauerfernsehen ist Haschersatz. Manchmal sucht man sich die Filme nach interessanten Farben, klaren Handlungen, interessanten Wohnungen und guter Raumaufteilung aus. Die Filme sollen zu den Zimmern passen, in denen man sie guckt, und zu den Leuten, die auch noch dabei sind. Zum Beispiel *Herr Rossi sucht das Glück*, Laurel & Hardy, Hitchcock.

Das meiste ist aber eher zufällig; man macht den Fernseher an und es gibt eine Reportage über pilgernde Fakire in Indien:

»Ihre Tage verbringen sie mit Kochen und langen religiösen Diskussionen. Es kommt zu keinen Gewaltausbrüchen. Die Atmosphäre ist glücklich und gelöst. An diesem Ort sind alle gleich. Hier gibt es keine Unterschiede zwischen Premierminister und Fakir.« Und dazu dann Kekse, Zigaretten, Tee und Krümel im Bett. Schon wieder oder immer noch ist es dunkel und gleich Nacht dort draußen.

Meist versuche ich, den letzten Tag des Jahres allein zu verbringen. Am Nachmittag gehe ich spazieren; am Abend sitze ich dann am Schreibtisch vor meinem Laptop, trinke Kaffee mit Tee und Kuchen, höre Radio und bemühe mich um Stille. Ich denke ein bisschen ans vergangene Jahr, schreibe Namen auf, von neuen Menschen, die mir begegnet waren, versuche Geschriebenes zu vervollständigen, um abzuschließen, was geschehen war, was naturgemäß eher selten gelingt.

Ein bisschen ist es wie vor einer Reise, und eigentlich ist dies Alleinsein am Silvesternachmittag auch viel besser als das Alleinsein an anderen Tagen. Das liegt wohl an der allgemeinen Stimmung, die Richtung Sammlung geht. Außerdem fahren viel weniger Autos durch die Gegend. Und eigentlich ist mir diese Zeit, in der ich allein für mich bin, wichtiger als die Feier, auf der ich mit Anderen sein werde. Manchmal bin ich mir auch nicht ganz sicher, ob diese Feier überhaupt notwendig ist. Prinzipiell ist sie es natürlich – Silvester hat ja sozusagen jeder Geburtstag und man sollte einander dazu gratulieren. Aber auch in echt? Vielleicht aber ist dies Alleinsein auch deshalb so angenehm, weil es durch das Weggehen begrenzt ist.

Vor dem Fenster fällt Regen in Streifen, die ein bisschen glitzern am Abend. Ich denke an den türkischen jungen Mann, an dem ich zu Weihnachten vorbeigegangen war. In seinem weißen Trainingsanzug hatte er wie aus dem Ei gepellt ausgesehen. »Ich komme im Moment auch überhaupt nicht klar«, hatte er seinem Handy erzählt, und ich war dann in meine Wohnung gegangen und hatte das aufgeschrieben.

Flau und verkatert gleitet man dann ins neue Jahr und verlängert die Jahreseinstiegsphase jeden Abend ein bisschen. Man denkt, die Außenwelt vor der Wohnung hätte sich verändert, es wäre stiller geworden und vielleicht auch ein bisschen dunkler, und die Trübnis dort draußen fühle sich sanft an. Man ist zufrieden, zum ersten Mal seit Jahren zwei Neujahrskarten geschrieben zu haben, und etwas entsetzt von der infantilen Handschrift, die man hat, wenn man versucht, leserlich zu schreiben.

Oft verwende ich die alte Jahreszahl noch versehentlich bis in den März hinein, und jedes Mal denke ich an die Daten des neuen Jahres, die gut klingen – 6. 7. 8, 2. 4. 8, 8. 8. 8, 20. 08. 2008 –, ohne zu meinen, dass an diesen Tagen etwas Besonderes geschehen würde.

Vorsätze, deren Einhaltung man wie das Nichtrauchen oder die erfolgreiche Absolvenz eines Marathonlaufs kontrollieren könnte, fasse ich nie, Erwartungen gibt es nicht so richtig. Natürlich will man unbedingt neugieriger, klüger, besser und ausgeglichener werden, aber es wird vermutlich keinen Punkt geben, wo man sagen könnte, nun wäre man völlig gescheitert.

Nur beinahe hätte es diesen Punkt geben können, als wir am Flipper standen und uns sagten, wenn wir jetzt kein Freispiel holen, gibt's zwei Wochen keinen Alkohol mehr. Dann holten wir doch das Freispiel und alles blieb beim Alten.

Das nächste Jahr wird vermutlich klasse werden. Man wird sich verlieben, irgendein Tag wird großartig gewesen sein, im Frühling wird man kurzzeitig begeistert sein, den Sommer erst zu spät genießen, im Herbst über Friedhöfe schlendern und danach wird wieder jetzt sein.

Thomas Pletzinger ▸ Granaten bei Vejle

So this is the new year, and I don't feel any different / the clanking of crystal, explosions off in the distance (in the distance)

Benjamin Gibbard

Dr. Daniel Dach ist ein theoretischer Mensch. Am Silvesternachmittag des Jahres 2005 entwickelt er im Kassenbereich des Supermarkts an der Universität folgende Hypothese: Die Strukturen der Welt im Kleinen sind die Strukturen der Welt im Großen. Der Grund für diese Annahme liegt in seiner rechten Hand: der Schlüssel für sein Zimmer im Hochhaus für Geisteswissenschaften, Von-Melle-Park. Alles verschwindet, denkt Dach und betrachtet den Schlüssel im Neonlicht der Obstauslage. Er hat seine Bürotür hinter sich ins Schloss gezogen und den Raum in einem Zustand zurückgelassen, der jeder Beschreibung spottet: VHS-Kassetten überall, Notizen, Kaffeetassen, hundert angebissene Äpfel, ausgedruckte und korrigierte Fassungen des Aufsatzes »Belted, Buckled and Booted – Structure and Function of Physicality and Dress in Russ Meyer's Early Works«, die längste Version zweihundertsiebenundvierzig Seiten. Dazu ein Brief vom Dekan des Fachbereichs, seit Wochen ungeöffnet, den Inhalt allerdings ahnt Dach. Zweihundertsiebenundvierzig Seiten, die niemand will: keine Zeitschrift, kein Verlag, keine Konferenz. Ein Rudel Worte, denkt Dach vor der Obstauslage, die ins Leere galoppieren. Ich kann keine Äpfel mehr sehen, denkt er, überall Äpfel, Äpfel, Äpfel, die meisten Pink Lady.

Dach hat seinen Schlüssel gegen ein Tischfeuerwerk Modell »Glückspilz« getauscht, fein säuberlich hat er ihn ins Regal gelegt und die Plastikpackung herausgenommen. Seit zehn Minuten steht er jetzt an der Supermarktkasse, ein Tischfeuerwerk in der Rechten. Ich werde nicht in mein Büro zurückkehren, denkt Dach und studiert die Kaugummiauslagen. Er betrachtet den Kinderwagen vor seiner Nase und das gespannte Babydoll-Kleidchen der schwangeren Mutter vor ihm. Zwischen zwei Flaschen Rotkäppchen halbtrocken schläft ihr Kind unter einer hellblauen Decke, friedlich, wie Dach scheint, und friedliche Menschen sind Dach ein Rätsel, er ist ein Getöse im Kopf gewohnt. Dach hat seine Kindheit vergessen wollen, selbst eine Art Krieg, er ignoriert seitdem das Grenzland zu Hessen. Dach kann sich an nichts erinnern, was vor 1987 geschehen ist: Er hat seine Onkel vergessen, seine Tanten, Warstein und Eslohe und Erwitte. Dach hat Meschede vergessen, den dicht gewachsenen Sauerländer Mischwald um ihn herum, das gutturale Sprechen, das Rauputzdenken, das städtische Gymnasium, seine erste und letzte Schlägerei, die Tortur des Klassensprechers (Dach muss brennen, Rosettenreiter Dach, Dach-Schaden). Er erinnert sich nur noch vage an den Bahnhof der Stadt, an Wham und *Flashdance* und die Pet Shop Boys, an seinen Wanderrucksack bei der Abreise. Er hat seinen Vater vergessen, den Fußballverein, den Chor und die Blusen seiner Mutter. Das Kind an der Kasse schläft zwischen den Sektflaschen, Dach versucht sich in Ignoranz und greift zum Flaschenaufsteller neben der Kasse: Rotkäppchen! Miserable Getränke zum Ende eines miserablen Jahres, denkt Dach und stellt den billigen Sekt auf das Band, die Funkenfontänen, die Luftschlangen und das Tischfeuerwerk »Glückspilz«. Das Jahr geht zur Neige, sagt die Kassiererin, ein Prosit! Wiederholung und Ähnlichkeit, überlegt Dach und zahlt mit den Münzen aus seiner Hosentasche, liegen in der Natur der Sache, in der Natur der Liederlichkeit des Lebens. Gleichfalls, sagt Dach und lässt ihr sämtliches Kleingeld da, er wird nicht hierher zurückkehren, denkt er, seine Finger vibrieren jetzt, fast zittern sie.

Nick im St.-Georg-Altbautürrahmen, Bademantel und arabische Pantoffeln, seinerseits einen Schlüsselbund in der Hand, Überraschung, sagt er, Silvester am Meer, Professor! Ein Kiefernhaus, eine Ruheoase, gefrorenes Strandgras! Na gut, sagt Dach und hält ihm das Feuerwerk »Glückspilz« unter die Nase, den Sekt, einen Apfel. Nick beißt krachend hinein. Dach ist seit Wochen jeden Morgen mit Nick und seinem Wecker aufgestanden, Nick ist einmal um die Alster gerannt, Dach hat derweil ein Vollbad genommen und im Wasser gelesen und geraucht. Komm mit, Professor! Geh laufen! Einmal hin, einmal rum und einmal zurück, hat Nick nach dem Lauf gesagt, exakt neuntausend Meter! Er hat hundert Liegestütze vor Dach in seiner Badewanne gemacht, er hat tagtäglich seine Koteletten im Rauch von Dachs Zigarette angespitzt. Warum ausgerechnet Russ Meyer, Professor?, hat er Dach gefragt, warum nicht John Waters oder Rosa von Praunheim oder sonst wer? Russ Meyer! Und wie lange brauchst du eigentlich noch? Nick hat Dach jeden Tag auf die Stirn geküsst, denk weiter, hat er gesagt, iss Äpfel, beweg dich! Im Angesicht von Nicks Schultern und Rücken hat Dach sein Altern gefühlt, er hat sein Bauchfett gegriffen, er ist schließlich samt Badewasser ausgekühlt und frierend ins Büro gefahren. Dort hat Dach das Denken versucht und ist darüber müde geworden, er hat Nicks Äpfel mitgenommen und den Appetit verloren, er ist auf dem Tisch eingeschlafen und erst gegen Nachmittag wieder aufgewacht.

Eine Art von Ehrlichkeit, hat Dach gedacht, ist von nun an unabdingbar. Die Sonne ist nicht mehr zu sehen gewesen, der Philosophenturm hat seinen langen Schatten Richtung Alster geworfen. Dach ist aufgestanden und hat ein paar Ordner zugeklappt, er hat sie in den Schrank gestellt, sich dann aber wieder an den Tisch gesetzt. Er ist an seinem Stuhl kleben geblieben und hat den feierlichen Jahresausklangs-Lunch-Termin mit seinen ehemaligen Assistenten Kienast, König und Mohafez einfach verstreichen lassen (Entourage, hat Nick sie genannt, des Professors Entourage). Dach hat sich von den Ordnern beobachtet gefühlt, von den Videokassetten, den Büchern auf dem Tisch. Er hat über Klaus Mann promoviert, seine Habilitation befasst sich mit Elton John und Hedonismus, er ist vor fünf Jahren der erste Juniorprofessor an seiner Universität geworden. Kienast, König und Mohafez hat er gefördert, wo er konnte. Fünf Jahre lang hat er sich mittags zum Feinkost-Schweizer begleiten lassen, meistens haben sie Riesling in den Händen gehalten, meistens hat Dach bezahlt. An einem Freitag im Mai stand Nick neben ihnen am Stehtisch, etwas modischer und etwas jünger geraten als die andern, etwas lebendiger, etwas erwartungsvoller. Seit drei Jahren sind Nick und Dach ein Paar, rechtlich fixiert sogar, Nick blickt in eine rosige Zukunft, er ist Enttäuschung nicht gewohnt, beide haben ihre Namen behalten. Kienast, König und Mohafez sind immer seltener zum Riesling gekommen, König ist bereits vor Monaten nach Tübingen gewechselt. Als nächster wird Kienast die Stadt verlassen, um sich andernorts zu habilitieren. Dach hat seit Wochen keinen Riesling mehr getrunken, er hat seine Papierstapel seit Wochen nicht angerührt, seine Bücher nicht, seinen Computer nicht, und auch nicht Nicks Äpfel. Die Dinge um Dach herum haben still gestanden und geschwiegen, er hat dem Bildschirmschoner zugesehen, er hat sein Verlöschen betrachtet, die Dämmerung ist über die Alster gefallen und irgendwann ist Dach aufgestanden und gegangen, um dem alten Jahr den Rücken zuzuwenden.

Überraschung, Professor! Nick sitzt auf der Beifahrerseite und dreht die Musik lauter, Silvester in Dänemark! Er hat ein Cabrio gemietet und Dach muss fahren, weil Nick keinen Führerschein hat, das Navigationssystem erklärt den Weg. »Das Tischfeuerwerk Glückspilz, genau das Richtige für fröhliche Stunden, Höhe: 9 cm«, liest Nick, lacht, zieht sich seine Mütze über die Ohren und den Schal enger. Der Ringkøbingfjord! Nick hat auf Sonnenschein gehofft, sagt er, aber es schneeregnet, es zieht durch das Verdeck des Wagens. Dach trinkt den billigen Sekt direkt aus der Flasche, Nick kaut krachend Brot und halbe Äpfel. Gegen neun Uhr abends überqueren sie im orangenen Licht einer ehemaligen Grenzstation die Grenze zu Dänemark. Dach schwitzt leicht und bemerkt gleichzeitig ein Absinken seiner Körpertemperatur. Sie verlassen die Autobahn gegen zweiundzwanzig Uhr. Dach will sich auf den Verkehr konzentrieren, aber so spät am Silvesterabend ist hier niemand mehr unterwegs, kein Auto, kein Polizist, keine Hasen, keine Raben. Sie reden wenig, Nick murmelt die Namen der Ortschaften: Grimstrup, Kokspang, Ho. Bei Vester Nebel wird der Schneeregen zu dunklem Eis. Geradeaus, sagt das Navigationssystem und Dach fährt ins Nichts, rechts und links Wald und Heide, beides schwarz. Dach kann durch Dunkelheit und Dunst das Meer riechen, es kommt ihm versalzen vor.

Nicks Schlüssel passt in ein Ferienhaus aus lackiertem Holz. Wir sind da, sagt Nick mit der elektronischen Stimme des Navigationssystems, wir sind hier, Professor. Mittlerweile hat es heftig zu schneien begonnen, man kann die Dünen und den Himmel nicht mehr unterscheiden. Über allem liegt eine Stille, mit der Dach nicht gerechnet hat, nur ab und zu kracht es laut und deutlich durch die Dunkelheit, etwas reißt die Stille in Stücke, etwas klingt nach Granaten oder schwerem Geschütz. Dach holt das Gepäck, drinnen wirft Nick den Saunaofen an, Dach kann durch das Fenster seine Sorgfalt beobachten. Er hat plötzlich das Gefühl, am Ende einer leeren Straße zu stehen, ein paar Laternen im Rücken, ein paar Häuser in einiger Entfernung, ein paar Gesichter in den blinden Fenstern, ein versiegender Applaus. Dach gibt dem Wind die Schuld, dem Schnee um ihn herum, seinen kalten Füßen. Als er den Koffer aus dem Kofferraum hebt, sind seine Fußabdrücke im Dünenboden schon mit nassem Schnee bedeckt. Der Koffer ist schwer, Nick hat für beide gepackt, Dach hat ihn dabei beobachtet: warme Socken und Kapuzenpullover, einen Notizblock, einen Kriminalroman, Sportschuhe und Friesennerze, Parkas und Stiefel und Thermoskannen, ein Korb voller Vitamine, die guten Weingläser. Dass die Welt hinter ihm wegbricht, denkt Dach, er denkt an die britischen Pessimisten, er denkt an Bomben über Dresden, er denkt an Operationssäle und kaltes Besteck, er denkt an Hieronymus Bosch. Dann öffnet er die Tür und klopft sich den Schnee von der Jacke.

Dach und Nick auf dem Sofa zwischen Konfetti, die Uhr an der Holzwand tickt vor sich hin, Dach hört ein entferntes Dröhnen. Seit Mitternacht stehen zwei Flaschen Champagner auf dem Tisch, daneben das ausgebrannte Tischfeuerwerk »Glückspilz« und zwei Gläser. Dach ist betrunken, Nick atmet laut, über allem baumelt der Geruch von Schwefel und Saunaaufgüssen. Dach ist zu müde, um sich zu bewegen, und zu wach, um einzuschlafen. Er beobachtet Nicks geöffneten Mund, seine Finger, seine leicht zuckenden Lider. Dach versucht zu lesen, er versucht, sich auf eine Broschüre der Region zu konzentrieren: sie befänden sich am Rand eines Übungsareals an der Nordseeküste bei Esbjerg, in den Sommermonaten würden die Manöveraktivitäten drastisch zurückgefahren, die deutschen Bunker in den Dünen seien keinesfalls zu betreten, seit den 50er Jahren sei die Gegend minenfrei. Nicks Gesicht liegt in aller Ruhe vor Dachs Augen, Dach denkt die Worte »Unschuld« und »Erwartung« und »Enttäuschung«, er denkt an Gerichtssäle und Linoleum, an den Flur in der Universität, an die Papierstapel hinter der Bürotür, er hat den Flur des Arbeitsamtes in der Martastraße vor Augen, obwohl er dort noch nie gewesen ist, er denkt an das Dunkelgrau der Bunker am Nordseestrand und das helle Grau des

Schnees darüber. Dach friert und schwitzt gleichzeitig, er hat das Gefühl schnellen Alterns, er fühlt seinen Körper verfetten und seine Gedanken weicher werden. Dach sieht die Überreste der letzten Jahre vor sich liegen, leere Flaschen und ausgebrannte Feuerwerke, Horden von Wörtern, Armeen von Äpfeln, Gedankenhülsen und splitternde Einfälle. Dach hebt Nicks Kopf in aller Vorsicht von seinem Oberschenkel und steht auf, ohne ein Wort zu sagen.

Dach zieht sich ein T-Shirt über den Kopf und Nicks Badehose an, er bindet seine Turnschuhe zu und verlässt das Ferienhaus am Strand von Vejle. Draußen liegt der Schnee jetzt an einigen Stellen kniehoch auf den Wegen, der Wind fegt ihn an den Dünen entlang, das Strandgras ragt aus den Schneewehen. Dach setzt ein Bein vor das andere, der Schnee färbt die Dämmerung heller, der Himmel über ihm ist fast blau. Die Kälte beißt ihm ins Gesicht, sie fährt ihm in die Knochen, sie brennt in seiner Lunge. Dach geht ein paar Minuten die Straße entlang, in der Entfernung die Schläge von Granaten im Takt seiner Schritte, das Rattern von Gewehren. An einer Gabelung biegt er ab ins Sperrgebiet, zwischen Kiefern und Schnee kann er frische Panzerspuren erkennen, Häuserattrappen mit blinden Fenstern und aufgemalten Türen. Dach merkt, dass das Gefühl aus seinen Fingern verschwindet. Mit jedem Schritt Richtung Meer weichen seine Schmerzen zurück, die Stille seiner Schritte weicht dem Rauschen der Brandung, hinter den Dünen liegt der Strand. Dach überquert eine verschneite Kuppe und vor ihm liegt das Wasser, die schweren Brecher, die fliegenden Wolken. Dach steigt die Düne hinunter, der

Wind pfeift ihm um die Ohren. Dach überquert den breiten Strand von Vejle und erreicht das Wasser. Vor ihm liegt eine Boje mit blauem Plastikseil und eine Meister-Proper-Flasche. Dach fährt sich über die Augen und atmet ein, dann beginnt er zu laufen, eine Welle erwischt ihn und umspült seine Knöchel. Dach läuft und läuft, das Wasser zur Linken, das Krachen zur Rechten, er rennt schneller und immer schneller, das T-Shirt klebt an seinem Körper, vor ihm und hinter ihm werden Dünen und Schnee zu einem blassen Dunst. Zunächst fühlt es sich an, als würde Dach verbrennen, dann werden seine Beine taub und Dach merkt, wie ihm die Gesichtszüge entgleiten. Der Schnee und die Gischt fühlen sich wie Tränen an, wie Ruhe und Erleichterung, wie Gelächter, es fühlt sich an, als würden seine Muskeln verschwinden, seine Knochen, seine Haut, und Dach wird langsamer und taumelt. Er steht neben einer toten Robbe, einer wartenden Möwe, am Horizont ein schmaler Streifen Licht. Dach hört auf das Krachen der Granaten in der Leere bei Vejle, er lehnt sich in den Wind, sein Atem pfeift, dann dreht er um.

Es begann damit, dass auf der hinteren Terrasse ein Dreckhaufen lag. Als sie ihn sah, konnte Maddy endlich einmal weinen. Sie weinte etwa eine halbe Minute lang still in sich hinein, dann hörte sie wieder auf. Es war der erste Dreckhaufen, den sie in Palisander Palisades zu Gesicht bekam, und wie er da so auf den blank gewischten, weißen Keramikfliesen der Terrasse lag, kam er ihr wie etwas ganz und gar Außerirdisches vor. Wie war er wohl dort gelandet?

Maddy starrte den Dreckhaufen durch die geschlossene Terrassentür an. Eigentlich gab es keinen Dreck in Palisander Palisades. Der Hausmüll, den Ai in einer kleinen Plastiktonne abends aus der Hintertür schob, wurde jeden Morgen vor Tagesanbruch von zwei Bediensteten der Siedlung abgeholt. Der einzige Müll, der im Haus anfiel, entstand, wenn Ai kochte. Maddy selbst produzierte überhaupt keinen Abfall mehr, außer einem gelegentlichen gebrauchten Wattestäbchen, zerknüllten Bonbonpapier oder abgeschnittenen Kleideretikett. Maddy tat nichts. Das Buch, das sie vor zwei Monaten im Flugzeug zu lesen begonnen hatte, lag immer noch bei Seite 37 aufgeschlagen auf ihrem Nachttisch. Maddy las nicht und schrieb nicht, das machte Jason. Sie kochte nicht und räumte nicht auf, das machte Ai. Sie malte nicht und spielte keine Videospiele, das machten Alex und Gaia. Nicht einmal fernsehen konnte Maddy, denn sie hatte immer das Gefühl, die Nachrichtensprecher und Moderatoren sprächen direkt zu ihr, zielten mit allem, was sie sagten, auf sie, weil sie Maddy für zu dumm hielten, um die Welt ohne fremde Hilfe zu verstehen.

Alles in ihrem neuen Leben schien sie anzugreifen. Und nun dieser Haufen. Was sollte Maddy tun? Sie versuchte sich zu sammeln und war kurz davor, eine Kehrschaufel oder eine Plastiktüte zu holen und den Haufen selbst wegzumachen, denn früher, zu Hause, hatte sie allen möglichen Dreck beseitigt, sogar von den Katzen hereingeschleppte Mäusekadaver und Kaninchen, die der Hund gerissen hatte. Doch dies war fremder, chinesischer Dreck, der auf zweifelhafte Weise hinter die Mauern der Siedlung gelangt war, obwohl »Palisander Palisades« vier Wachleute am vorderen und zwei am hinteren Tor hatte. Plötzlich war ihr klar: Es war kein Zufall. Es hatte etwas zu bedeuten. Es hatte etwas mit ihr zu tun. Es war ein Anschlag, ein feindlicher Anschlag. Maddys Mund wurde trocken.

»Ai!«, rief Maddy.

Kurz darauf hörte sie Ais kurze, schlurfende chinesische Schritte hinter sich auf dem Teppichboden.

»Rubbish«, sagte sie und zeigte auf den Haufen. »Dreck. On the terrace.«

»Oh«, sagte Ai und nickte. »Dog. New dog. Neighbour dog.«

Sie drehte sich um und kam wenig später mit einem Schrubber und einem Eimer voll Seifenlauge wieder.

Der Vorfall hatte irgendetwas in Unordnung gebracht. Maddy hatte geweint, zwar nicht einmal dreißig Sekunden lang, aber sie spürte noch die Tränen in ihrem Hals. Ihre Kehle juckte, als würde sie krank. Wer wusste schon, welche lange vergessenen Hormone das Weinen aus ihren stillgelegten Drüsen hervorgekitzelt hatte? Sie hatte einmal gehört, dass die Hormone aus der Zirbeldrüse kamen, und die Zirbeldrüse lag wahrscheinlich genau dort, wo sie jetzt diesen Schmerz spürte. Sie wollte keinen Schmerz spüren. Es war der Abend des einunddreißigsten Dezember, es war Silvester und Jason war nicht da. Das vor allem durfte nicht wehtun. Maddy wollte wieder gar nichts empfinden, wie all die Wochen zuvor.

Sie ging hinauf zu Alex und Gaia. Jeder saß in seinem Zimmer, vor seinem Computer. Das eine Gesicht war grün, das andere, kleinere, blau. Alex spielte seinen Lieblings-Egoshooter – sein Avatar befand sich gerade in einer rostigen Katakombe voller ungeschlacht dreintorkelnder Zombies –, und Gaia chattete mit ihren Freundinnen in Hamburg.

»Es riecht so gut«, sagte sie höflich, ohne aufzusehen. »Wann gibt es Essen?«

»Essen?«

»Riechst du es nicht?« Gaia schüttelte den Kopf. »Ai kocht seit heute Morgen um vier. Silvesteressen. Obwohl bei ihr nicht mal Silvester ist. Erst im Frühling. Chinesisches Silvester. Haben wir auch Knaller wie zu Hause?«

»Nein«, sagte Maddy.

»Dann nicht«, sagte Gaia. »Und jetzt lass mich bitte allein. Dan-ke!«

Das »Danke« dehnte sie behutsam in die Länge, wie eine Mutter, die ihrem Kind zum zehnten Mal ein gefährliches Spielzeug wegnimmt. Maddy wandte sich ab.

»Hi«, versuchte sie es bei ihrem Sohn.

»Hallo«, sagte Alex. »Wann kommt Papa?«

»Morgen«, sagte Maddy.

»Warum bist du nicht mitgefahren?«

»Ich kann euch doch nicht mit Ai allein lassen.«

»Normalerweise«, sagte Alex, »normalerweise werden Männer mit ihren Frauen auf Silvesterpartys eingeladen. Habt ihr euch gestritten?«

»Es ist keine normale Silvesterparty«, sagte Maddy. »Es ist eine Party nur für Männer. Geschäftsleute. In Kanton.«

»Ich weiß«, sagte Alex. »Vielleicht essen sie da Affengehirne. Ich würde gern mal Affengehirn essen. Ich würde mich auch nicht ekeln.«

Das glaubte Maddy ihm sogar. In diesem Land war alles möglich. Geöffnete Affenschädel. Smog, so schwefelgelb und dick wie verdorbener Pudding. Dreck auf der Terrasse. Sie hatte dieses Land, sie hatte diese Stadt vom ersten Augenblick an gehasst. In Shenzhen war kein Pflasterstein und kein Betonträger älter als zwanzig Jahre. In Shenzhen waren alle Männer Geschäftsleute und alle Frauen Prostituierte. Es gab kaum Kinder oder alte Leute. Die Stadt war voller Büros, Spielcasinos und Bordelle, in denen junge Leute spielten und arbeiteten, arbeiteten und spielten. Arbeiten und spielen, das hatte auch Jason hier getan, und nachdem er Maddy und die Kinder zu sich geholt hatte, tat er es offenbar noch immer. Genau wusste Maddy es nicht. Sie kannte ihren Mann hier nicht viel besser als die Stadt. Sie ging selten aus. Meist blieb sie in ihrem Haus in »Palisander Palisades«, einem umzäunten pseudo-kalifornischen Mini-Malibu am Rande der Stadt, direkt neben dem Zubringer zum Flughafen, damit die Westler, die hier wohnten, das Gefühl hatten, jederzeit wieder verschwinden zu können.

Das Haus war ein Haus wie aus Alices Wunderland. Es war riesig groß und doch viel zu klein für die gigantische vergoldete Vase in Form eines Schwans, die auf dem Tisch in der Eingangshalle stand, oder für die Gipsimitation von Michelangelos David im Bad, die irgendein fehlsichtiger chinesischer Gipsfigurenhersteller so ausgestattet hatte, dass der David mit seinen kurzen Beinen, seinem hinten abgeflachten Schädel und seinem riesigen Gemächt aussah wie ein sizilianischer Strandwächter, der Maddy mit stumpfem, gierigem Blick beim Baden beobachtete.

Maddy ging ins Bad. David sah zu, wie sie das Badezimmerschränkchen öffnete. Maddy nahm keine Tabletten. Die Valium im Schränkchen gehörten Jason, zum Abschalten, wie er sagte. Maddy nahm nur Zahnseide und Zahnbürste und putzte sich gründlich die Zähne, um den Geschmack der Tränen loszuwerden.

In diesem Moment erklang der Gong unten in der Eingangshalle. Ai hatte tatsächlich gekocht. Maddy hörte, wie Alex und Gaia an der Badezimmertür vorbeistürmten und die Treppe hinunterliefen. Eigentlich hätten sie lieber eine Pizza gehabt, das wusste Maddy, aber die beiden behaupteten, dass ihnen Ais Essen besser schmeckte, weil ihre Mutter es nicht mochte.

Maddy schlich sich als letzte ins Esszimmer wie ein ungezogenes Kind. Noch in der Tür blieb sie stehen. Der Tisch war beladen mit Schüsseln, Terrinen, kleinen Schälchen und Platten. Ai musste tatsächlich den ganzen Tag gekocht haben: Es gab Berge von fettglänzenden Teigtaschen, aus denen Brühe rann, Platten mit gebratenem Fleisch in schwarzer Bohnenpaste, zartgrünen Wasserspinat und blutrote Lotussuppe, Tontöpfe mit simmernd heißem Eintopf und mehrere Sorten kalter

Tofu, weiß und cremig wie Eischnee oder sirupbraun, feucht und löchrig wie vollgesogene Schwämme. Über dem Ganzen leuchtete Ais kleines karamelfarbenes Gesicht. »Happy New Year!«, sagte sie.

Alex und Gaia fingen sofort an zu essen. Währenddessen erklärte Ai die Speisen: »Corn Bread. Lotus Soup. Hair Tofu. Wintermelon. Abalone Congee. The dumplings be careful, hot soup in it. And this we call the drunken shrimps.« Sie lüftete den Deckel von einer Glasterrine. Die »betrunkenen Garnelen« schwammen in Wein, es waren ungeschälte Garnelen, und sie schwammen nicht, sie zuckten noch im Todeskampf. »Die leben ja noch!«, rief Maddy entsetzt.

»They very fresh«, nickte Ai. »But after you eat, they dead.«

Maddy stand entsetzt auf. »Who paid for all this?«

»Mister Jason pay«, sagte Ai. »He wishes Happy New Year.«

Maddy rannte um den Tisch herum und packte Gaias Arm. »Steh auf«, sagte sie. »Los!«

»Was hast du denn?«, fragte Alex.

Mit Gaia im Schlepptau lief Maddy zu Alex, riss ihn hoch und verdrehte seinen Arm, noch bevor er sich wehren konnte. »Wir gehen eine Pizza essen«, sagte Maddy. »Danke, Ai!«

Sie zerrte ihre Kinder hinter sich her, den hell erleuchteten Hauptweg der Siedlung hinunter bis zum Tor. Die Wachmänner grüßten sie lächelnd. Vor dem Tor wartete eine Reihe Taxis.

»Wohin fahren wir?«, fragte Gaia.

»In die Butterfly Mall«, sagte Maddy.

Maddy war selbst noch nie in der Butterfly Mall gewesen, ein riesiges Einkaufszentrum mitten in Shenzhen, mit allen Designershops, Restaurants und Spielzeugläden, die man sich nur vorstellen konnte. Alex und Gaia hatten schon immer darum gebettelt, hingehen zu dürfen, aber Jason hatte nie Zeit, und Maddy verließ das Haus nicht.

Das Dach der Butterfly Mall bestand aus einem gigantischen Plasmabildschirmhimmel, dessen Lichtstimmung sich im Minutentakt von Morgenröte über Mittagsbläue bis hin zu tiefem Nachtviolett veränderte und über den hunderte riesiger Schmetterlinge flatterten. Die Hostessen der Butterfly Mall trugen fuchsiafarbene Kostüme mit kleinen Chiffonflügelchen auf dem Rücken.

Nachdem Maddy Alex und Gaia ihre Pizza gekauft hatte, liefen die beiden sofort los in Richtung Spielzeuggeschäft. Maddy ließ sich eine Weile ziellos von den Rolltreppen hin- und herfahren. Irgendwann war sie ganz oben angelangt und stand direkt unter dem Bildschirmhimmel, an dem gerade die Dämmerung aufzog. Ein riesiges Pfauenauge überflog sie, und aus allen Lautsprechern klang Frank Sinatras »Fly Me To The Moon«. Der letzte Tag des Jahres, dachte Maddy. In diesem Moment kam sie auf die Idee, Jason anzurufen. Vielleicht hatte er gerade eine Minute frei und würde sogar ans Telefon gehen. Maddy wählte seine Nummer. Sie ließ es lange klingeln. Gerade als sie auflegen wollte, nahm er ab.

»Hallo, Schatz!«, sagte Jason fröhlich.

»Hallo!«

»Was gibt's?«

»Ich wollte dir nur ein frohes neues Jahr wünschen«, sagte Maddy.

»Es ist doch erst halb acht. Ich hätte dich um zwölf ohnehin angerufen. Vielleicht etwas später. Seid ihr dann noch auf?«

»Ich weiß nicht.«

»Kann ich kurz die Kinder sprechen?«

Maddy zögerte. »Die spielen gerade.«

»Gib ihnen einen Kuss von mir. Ich vermisse euch.«

»Ja«, sagte Maddy. Irgendetwas kam ihr komisch vor. Wie heute Nachmittag, als sie den Haufen auf der Terrasse gesehen hatte. Etwas beunruhigte sie, ließ ihr Herz kleine Extrasystolen machen. Seine Stimme?

»Wie ist es in Kanton?« fragte sie.

»Ganz nett«, sagte Jason. »Aber ich bin jetzt schon müde. Ich wäre lieber bei euch. Küss die Kinder von mir«, sagte er noch einmal. Plötzlich wusste Maddy, was es war. »Fly Me To The Moon.« Auch im Telefon sang Frank Sinatra »Fly Me To The Moon«, mit leichter Verzögerung, aber fast taktgleich mit dem Frank Sinatra in der Butterfly Mall.

»Ich muss jetzt wieder rein«, sagte Jason. »Bis später!« Er legte auf.

Maddy lief los und tauchte wieder ein in die Rolltreppenschlucht. Sie suchte jede Etage, sie suchte die ganze Mall ab. Sicher spielten sie in hunderten von Bars und Restaurants und Einkaufszentren in der ganzen Welt gerade »Fly Me To The Moon«. Warum nicht in Kanton? Ich bin einfach nur verrückt, dachte Maddy, ja, ich bin einfach nur verrückt. Sie musste lachen. Was für ein verrückter Tag, dachte sie. Erst weine ich, dann lache ich.

Wegen Dreck auf der Terrasse und »Fly Me To The Moon«. Albern, aber auch schön, dachte sie plötzlich, dass ich wieder weinen und lachen kann.

Sie lachte immer noch leise vor sich hin, als sie Jason aus dem Gucci-Shop kommen sah, keine fünf Meter vor ihr. Jason hatte sie nicht gesehen, er drehte ihr den Rücken zu und lief in eine andere Richtung. Seinen Arm hatte er um die Taille einer Frau gelegt, einer Chinesin, die ein kurzes schwarzes Kostüm trug. Maddy war größer als Jason. Die Chinesin aber war sehr klein und schwarz, so klein, dass selbst Jason sie um einen Kopf überragte. Über Maddy wurde es Nacht. Die Schmetterlinge verschwanden. Auf dem schwarzen Bildschirm erblühte ein künstliches Feuerwerk und der Countdown wurde angezeigt: Noch vier Stunden. In Hamburg war es erst Mittag. Dort wäre es noch nicht geschehen.

Alex und Gaia lagen schon im Bett, nicht einmal Alex hatte es bis Mitternacht ausgehalten. Das Feuerwerk über Palisander Palisades fiel mager aus. Ein paar teure, elegante Raketen zerplatzten am phosphorgrünen Himmel, dann war es wieder still. Maddy stand im Badezimmer. Sie putzte sich seit einer Viertelstunde die Zähne, und der David aus Gips beobachtete sie dabei mit verschlagenen, feindseligen Augen. Alles in diesem Haus war feindselig. Sie hatte keine Macht über dieses Haus, diese Macht hatte Jason, und selbst Ai war seine Verbündete. Es gab nur eines, über das sie Macht hatte: die Kinder. Es sah zwar manchmal nicht so aus, aber Maddy hatte Macht über Alex und Gaia. Sie war ihre Mutter, sie hatte sie geboren. Sie hatte ihnen das Leben gegeben. Jason liebte die Kinder. Früher einmal hatte er auch Maddy geliebt, aber das war vorbei. Sie dachte an die kleine schwarze Gestalt der Chinesin. Sie stellte sich vor, dass ihr kleine schwarze Flügel hinten aus der Kostümjacke wuchsen, wie den Hostessen in der Butterfly Mall. Ein kleiner schwarzer Todesengel. Alles heute hatte sie an den Tod denken lassen: Der schwarze Haufen auf der Terrasse, die sterbenden Shrimps, der schwarze Himmel über der Mall, die Flügel der Hostessen. Maddy starrte auf Jasons Valiumtabletten und vergaß, die Zahnpasta auszuspucken. Sie könnte sterben, hier und heute, am letzten Tag des Jahres. Es war ganz banal, so banal wie betrogen zu werden, ganz allein am anderen Ende der Welt. Doch würde Jason sie überhaupt vermissen? Wahrscheinlich wäre er froh, sie los zu sein, nur um die Kinder würde er trauern. Er würde verrückt werden vor Schmerz. Verrückter noch, als sie, Maddy, war. Und sein Schmerz würde größer sein als ihr Schmerz. Genau das gönnte Maddy ihm. Sie spuckte aus und spülte sich die Zahnpasta aus dem Mund. Dann nahm sie die Valium aus dem Schrank.

Gaia lag ruhig da, sie hatte die Bettdecke weggestrampelt und schlief mit offenem Mund, regungslos, Maddy konnte nicht einmal erkennen, ob sie atmete. Ihre Wangen waren rot, auf ihrer Stirn glänzte Schweiß. Auf dem Nachttisch stand ein Glas Apfelsaft und ein Teller mit Keksen, damit sie nicht auf die Idee kam, ihre Mutter zu wecken, wenn sie Hunger oder Durst hatte. Maddy ging weiter zu Alex. Er war erst neun, aber das Saubere, Unschuldige war schon aus seinem Schlafgesicht verschwunden, er sah einfach nur blass aus und angestrengt. In seinem Zimmer roch es ein wenig strenger als bei seiner Schwester, ein würziger Jungengeruch. Neben seinem Bett stand ein Glas Wasser.

Maddy trat näher und kniete sich vor das Bett. Alex sah genau aus wie Jason, mit seinen auseinanderstehenden Augen und den dunklen Augenbrauen, die noch dichter wuchern würden, wenn er älter war. Maddy sah ihm beim Atmen zu. In diesem Moment öffnete Alex die Augen. »Ist es schon zwölf, Mama?« fragte er, halb im Schlaf. »Nein«, sagte Maddy. »Schlaf weiter. Ich wecke dich dann.«

Maddy hatte Hunger. Seit sie den Haufen auf der Terrasse gefunden hatte, hatte sie nichts mehr gegessen. Sie ging in die Küche. Der Kühlschrank war voller Schüsseln, alle säuberlich mit Frischhaltefolie abgedeckt. Maddy holte eine nach der anderen hervor und stellte sie auf den Küchentisch. Sie begann zu essen, mit bloßen Fingern, schaufelte sahnigen Tofu, sanftes Fleisch, fettige Teigtaschen, glitschiges Gemüse in sich hinein. Die Schüssel mit Lotussuppe setzte sie an die Lippen und trank. Dann wusch sie sich die Hände und überlegte, wo sie sich schlafen legen sollte. Sie dachte an ihre warmen, atmenden Kinder, aber sie fürchtete, sie zu wecken. Sie trat aus der Küche und öffnete die Tür gleich rechts daneben. Im Zimmer war es dunkel. Die Dunkelheit roch mütterlich nach Seife und frisch gewaschenem Haar. Maddy zog sich aus bis auf die Unterwäsche, ließ ihre Sachen auf den Boden fallen, ertastete das Bett an der gegenüberliegenden Wandseite und kroch hinein. Kaum hatte sich Maddy an Ais kleinen, runden Körper geschmiegt, war sie auch schon eingeschlafen.

Ella nahm sich fürs kommende Jahr nichts Gutes vor, sie hatte im laufenden und noch sechs Stunden andauernden bereits ordentlich Vorarbeit geleistet, sie hatte sich letztes Silvester vorgenommen, kein weiteres Kind zu bekommen, und bekam es auch nicht, und als sie Ende August erneut auf dem gynäkologischen Stuhl lag und auf den Anästhesisten wartete, war sie sicher, dass sich schlechte Vorsätze disziplinierter angehen ließen als gute, sie fühlte sich hundsmiserabel darin bestätigt.

Für die nächsten Monate hieß es, einen Schritt weiterzugehen und auch ihrem quicklebendigen Kind den Boden unter den Füßen wegzuziehen. Aber es mangelte an allen Ecken und Enden an Mut. Entscheidungen, sagte Ella sich, müssen eben reifen, und diese Frucht schimmelte bereits hübsch vor sich hin. Roman zeigte in der Schule erste Verhaltensauffälligkeiten, die typisch sind für Trennungskinder, er war ungehorsam und rebellisch, Ella stand nach dem Unterricht hilflos im Klassenzimmer herum, während ihr der Junge grinsend eine lange Nase drehte und sich aus dem Staub machte, um sich irgendwo im Schulgebäude versteckt zu halten, bis der Hausmeister mit seinem riesigen Schlüsselbund rasselnd durch die Korridore schritt und das Kind Angst bekam. Romans Lehrerin sagte in strengem Ton, es fehle ihrem Sohn an Klarheit, und Ella fühlte sich bloßgestellt wie eine Grundschülerin, die einer anderen den Radiergummi weggenommen hat.

Sie hatte im *Handbuch für auseinanderfallende Familien* gelesen, zu welchem Konflikttyp sie gehörte, nämlich dem lethargischen, handlungsunfähigen, bei dem starke Ablösungsbestrebungen mit starken Bindungen koexistierten. Ein launisches, sprunghaftes Gör im künstlichen Koma. Sie empfand sich nach der Lektüre als der unklarste, ambivalenteste Mensch der Welt, versteckte das Buch im Kleiderschrank und schaute sich weiterhin beim Nichtstun zu.

Dieser Typus hätte genauso gut in einem Handbuch für *entstehende* Familien stehen können, dachte Ella, nur umgekehrt: enorme Bindungsbestrebungen, aber eine Heidenangst davor. Sie hockte, ganz das erstarrte Kaninchen, vor den weit ausgehebelten Kieferknochen der Beziehungsschlange und träumte von Flucht.

Sie dachte an die Familienzusammenkunft der vergangenen Woche, ans Weihnachtsfest bei ihren Eltern, die Tafel mit der Gans darauf und den Schienbeintritten darunter. Sie hatten am Nachmittag angerufen und, ganz wie es ihre Art ist, ein schönes Silvester gewünscht und ein hässliches gemeint. Ella wollte sich keine Mühe mit dem bevorstehenden Abend machen, sie hatte lediglich eine Tüte Erdnussflips gekauft und drei Kindertischfeuerwerke für harmlosen Spaß, zum sich Groß- und Erwachsenfühlen, und aus denen eine nackte Frau herausspringen würde, wie Roman hoffte. Das hatte ihm sein Großvater erklärt, und auch, dass diese Frau mitnichten seine Mutter wäre, wenn Roman verstünde, was er meine, und Roman verstand natürlich nicht, drei nackte Frauen, sagte er, ich habe drei Feuerwerke, Opa. Und der Großvater freute sich seiner vererbten Promiskuität, um so besser, rief er, und sein Gelächter kratzte und fiepte durch die beiden Lautsprecherlöcher des Telefons.

Tja, mein Junge, sagte Ellas Mutter, als sie an der Reihe war, es gibt tatsächlich noch andere Frauen als deine Mama. Ein wichtiger Satz, der Ella daran erinnern sollte, wie selten sie ihre Mutter anrief und wie selten sie Roman erinnerte, seine Großmutter anzurufen, nämlich nie.

Ella und Roman standen am Fenster, eine Rakete pfiff gerade gen Himmel und donnerte grün zerberstend, als Marc den Anruf erhielt. Er müsse erst mit seiner Lebensgefährtin sprechen, sagte er, *Lebensgefährdendin*, dachte Ella und fragte sich, wer um Himmels willen am Apparat sei, dass Marc ein fünfsilbiges, bürokratisches Wort benutzte anstelle eines kurzen »meine Frau«. Sie war, das spürte er natürlich, nicht mehr die Frau, die er bedingungslos *seine* hätte nennen können, aber dass er der Distanz zwischen ihnen plötzlich einen Namen gab, ermutigte sie zu einem souveränen Umgang damit. Der Fernsehsender, für den Marc arbeitete, hatte einen dicken Fisch für ihn an der Angel, Ella nickte, aber nicht dick genug, sagte sie, hundert Prozent Zuschlag sollten schon drin sein. Er rief wieder beim Sender an und bekam sie, zu Ellas Erstaunen. Es war ihr nicht ums Geld gegangen, sie hatte nur ein bisschen Macht demonstrieren wollen, gegen ihre anhaltende Ohnmacht. Sie freute sich, doch als die stolze Brust wieder abschwoll, kam sie sich lächerlich vor und kindisch.

Punkt null Uhr würde ein neues Gesetz in Kraft treten, das bei der Geburt eines Kindes einen Schonraum für junge Familien schaffen und Einkommenseinbußen auffangen würde. Marc würde sich mit der Schulterkamera auf die Suche nach einem taufrischen Baby und seinen weichgesichtigen, erschöpften Eltern machen, die immerhin, auch wenn sie nicht von dem neuen Geld profitierten, weil ein nicht vorhandenes Einkommen nicht eingebüßt werden kann, Hochemotionsbilder liefern und somit die Regierung aufwerten würden. Ella stellte sich vor, wie Marc im Krankenhaus unter den dicken, abgesunkenen Bäuchen mit seiner Kamera darauf wartete, dass eine dieser Frauen niederkäme. Wie er ihnen folgte, wenn sie mit ihren Wehentropfwägelchen über den Flur schlurften. Wie der Tonmann bei jedem beschwerlichen Aaah und Oooh mit seiner Mikrofonangel über ihren Köpfen herumfuchtelte.

Also dann, Happy New Year!, sagte Marc und verschwand. Roman hielt gerade den Löffel mit dem schmelzenden Glücksschwein in die Kerze. Ella musste ihm helfen, die Hand gerade zu halten, weil er die Tür abwesend anstarrte und das Blei ungeschmolzen ins Wasser zu fallen drohte.

Ein komischer Fisch, rief Roman, als es so weit war, aber Ella dachte, ein Penis, o Gott, ein Zeichen. Der Schulpsychologe würde in ein paar Jahren sagen, kein Wunder, bei Jungen, die bei ihren Müttern aufwachsen, ist oft eine untypische Geschlechtsrollenentwicklung festzustellen, sie zeigen mehr feminine Züge und spielen häufiger mit Mädchen, besonders, wenn sie von ihren Müttern überbehütet und infantilisiert werden. Und dabei würde er Ella von schräg unten über seine Lesebrille hinweg ansehen und mit Nachdruck sagen, verzärtelt, Sie verstehen? Und Ella würde übertrieben freundlich verkünden, dass der Junge ebenso von seinem Vater erzogen werde. Es kam ihr allerdings in den Sinn, er könnte in Zukunft seinen albernen Großvater als einzigen Ausweg aus dem übermütterlichen Rollenbild sehen, und bekäme obendrauf noch das der zwanghaft eifersüchtigen Großmutter mitgeliefert. Dann wäre ein weiteres Kind an diese Raubtiere verfüttert worden. Nein, das konnte sie nicht zulassen! Sie drehte den Penis um, wo er sofort erschlaffte zu einem Weihnachtsstrumpf, lang und ausgeleiert von zu vielen Süßigkeiten. Sie drehte ihn noch einige Male, aber aus welcher Perspektive Ella die Figur auch betrachtete, sie glitt unentwegt in einen deprimierenden Winkel ihrer Phantasie ab, die sie sich als eine Art neuronalen Bienenstock vorstellte. Biochemische Prozesse verbogen ihre Nervenzellen zu Waben, zu Sechsecken voll klebrigem, familiärem Pech.

Und jetzt du!, sagte Roman. Ella hielt das Blei eine Weile über die Flamme, warf es ins Wasser und nahm ein kompliziert gebautes, filigranes Gebilde heraus. Zuerst hatte es Ähnlichkeit mit einem Käfer, der auf den Rücken gefallen war, aber vier Extremitäten reichten leider, das hätte ihr gefallen, nicht aus für kafkaeske Beklemmungszustände. Sie entdeckte einen Kopf, der dem einer Ziege ähnelte. Das Tier krümmte sich, spreizte die Hinterbeine und streckte sie weit in die Luft. Eine Geburt, dachte Ella. Und wann, wenn nicht heute?

Aus keinem der Tischfeuerwerke schoss eine Frau. Aber ein Schornsteinfeger aus Pfeifenputzerdraht mit Pappleiter im Arm, den Roman sich als Kummerpüppchen unters Kopfkissen schob. Wenn ihr euch trennt, sagte er, nimmst du einfach die Wohnung über uns. Weck mich um zwölf!

Kurz vor Mitternacht hievte sie das nicht wach zu bekommende Kind aus dem Bett zum Fenster, es hatte die Beine fest um ihre Hüften geschlungen, die Arme um ihren Hals, und sein Kopf lag schwer auf ihrer Schulter.

Da war nichts zu machen, sie trug es zurück, und die ganze Nacht krachte der Himmel ohne Ton durch seinen Traum. Es gab keine weitere Wohnung über ihnen. Nur das Dach und ein paar günstig stehende Sterne.

Marc und sein Team lauerten bis in die frühen Morgenstunden auf der überfüllten Entbindungsstation, aber kein Baby kam auf die Welt.

Tobias Hülswitt ▸ Und ich dachte, du kommst aus Europa

Piet war unschlagbar. Jedes Mal, wenn er gerade von der Straße herunter war und einen betreuten Wohnplatz gefunden hatte, fing er etwas mit einer Betreuerin an. Die Sache wuchs ihm über den Kopf, und er floh, indem er sich selbst in die Psychiatrie einwies. Dort erholte er sich ein bisschen. Wenn er rauskam, saß er wieder auf der Straße, denn ins Heim konnte er nicht mehr zurück. Also lebte er eine Zeitlang erneut auf der Straße, oder bei Freunden, bis er eine neue Einrichtung fand, die ihn aufnahm. Und dort begann der ganze Schlamassel von vorn.

Am Silvesterabend erzählte er mir seine Vorsätze fürs neue Jahr:

»Erstens werde ich keine Zeitung mehr lesen. Das habe ich schon dieses Jahr nicht mehr gemacht. Mit großem Erfolg. Mein Geist ist klarer geworden, und ich habe nicht das Geringste verpasst. Alles, was wichtig ist, erfährst du auch so: Sorge dich nicht um die nächste Information, sie kommt von allein. Diese Zeitungen sind nur dazu da, dich vom Wesentlichen abzulenken. Es schreiben nur Leute darin, die völlig orientierungslos sind, und in ihrer Orientierungslosigkeit verbreiten sie Panik. Das ist alles. Hätten sie eine Orientierung, bräuchten sie ja überhaupt nicht zu schreiben. Sie stehlen dir nur deine Zeit. Sie tun alles dafür, dass du bloß nicht mehr Orientierung gewinnst als sie. Am schlimmsten ist übrigens dieses Feuilleton. Koksergewichse. Koksergesabbel, Kokserkacke, Kokserwahn. Kokserdauersender, an denen der Knopf zum Abschalten fehlt. Auf keinen

Fall werde ich im neuen Jahr auch nur eine Zeile solcher Kokserdrecksblätter wie der *Spiegel* lesen oder die *Zeit*. Allein schon diese Namen!

Übrigens werde ich auch keine Musik mehr hören. Kann ich nicht mehr ertragen. Jeder Song so ein fettes Gefühl, das man dir reinstellt. Dann hast du diese fremden Gefühle in dir, die du sonst gar nicht hättest. Ist doch widerlich! Bin ich 'ne Puppe, an der du 'nen Blasebalk drückst und sie fängt an zu weinen? *Prozic*, wenn du mich fragst, Prozac in Form von Musik, Musik für Leute, die Prozac nehmen, Musik für Leute, die noch kein Prozac nehmen, aber bald soweit sind, wenn sie weiterhin Prozic hören. Überhaupt, du hörst diese Songs, und du denkst, sie sprechen dir aus der Seele. Dabei gibt es deine Seele gar nicht, und das, was du empfindest, ist nur durch diesen Song in dich eingepflanzt worden. Bin ich 'n Topf oder was? Viel zu viel Sentiment! Du fängst es dir ein wie 'ne Grippe, es ist das Schlimmste, was dir passieren kann!

Wo wir gerade bei Emotionen sind. Weniger treu will ich sein. Treu sein, wenn du mich fragst, ist eine Unverschämtheit. Ein Verbrechen an den Menschen. Ständig beleidigst du Leute, indem du so tust, als hätten ihre Reize überhaupt keine Wirkung auf dich. Im Prinzip kannst du sagen: Bist du einer treu oder einem, bist du allen anderen untreu. Diese Gesellschaft ist auf grundverkehrten Werten gebaut. Ich will mir auch Mühe geben, Mädchen gegenüber weniger furchtsam zu sein. Die beleidigst du nämlich ganz besonders, wenn du so tust, als seien sie nicht begehrenswert. Und ich werde natürlich auch meine Freundin anhalten, weniger treu zu sein. Wenn ich denn mal wieder eine hab. Oder sagen wir, nur dann treu zu sein, wenn es ihr Spaß macht. Das kann ja sein. Dann soll sie es tun, dann ist es sicher das Richtige.

Wahrscheinlich werde ich überhaupt keine Bücher mehr lesen, jedenfalls keine Fiktion. Weißt du, was mir Edek erzählt hat? Der Marc Aurel, dieser römische Kaiser, du weißt schon, der hat von seinem Lehrer den Rat bekommen, sich von der schönen Literatur fernzuhalten, weil sie weich macht und den Charakter verdirbt. Alte Scheiße, da ist was dran! Weich wirst du, wenn du liest, und vergisst deine eigene Meinung! Am Ende wirst du vielleicht sogar noch *liberal!*

Apropos liberal. Weniger verzeihen werde ich auch. Und krassere Rache nehmen. Kränkungen merken, nie vergessen, geduldig warten und im richtigen Augenblick zuschlagen. Kalt und präzise. Und keine Dummheit mehr tolerieren, und sich nicht durch den Umgang mit Dummen selber verdummen. Die, die sich ihre eigene Person schön reden, konsequent unterbrechen. Dann hast du zwar ganz schön zu tun, aber was soll's. Einer muss es ja machen. Und deine Zeit nicht verschwenden mit Menschen, die nicht sehen können, wie sie tatsächlich sind. Was für Ärsche sie sind. Nur noch mit Ärschen zusammen sein, die auch wissen, was für Ärsche sie sind.

Weltverpester ungebremst hassen. Ausnahmslos alle, die fürs Fernsehen arbeiten, ungebremst hassen. Keinem verzeihen. Selbst Harald Schmidt nicht verzeihen. Harald Schmidt mit Heike Makatsch in eine Schublade und die Kommode anzünden. Ach ja, und die Türkenjungs auslachen: Laufen den Bürgersteig lang, als schleppten sie hundert Kilo Muskeln herum, dabei sind sie erst zwölf. Und jetzt muss ich dir was erzählen, ’ne Geschichte, die mir selber passiert ist: Ich komm aus ’ner Kneipe raus, in Köln, ja, Köln, nicht Neukölln, damit wir uns richtig verstehen! Von Neukölln nach Köln musste ich reisen, damit mir so was passiert. Als ich noch besser beieinander war und den Job noch hatte und alles, ich war ganz normal angezogen, richtig schick war ich da angezogen. Es ist Nacht, ich geh aus dieser Kneipe raus auf die Straße. Kommen mir fünf Leute entgegen, die ich in meinem Leben noch nicht gesehen hab. Fünf Leute, ganz normal, bisschen dämliche Frisuren vielleicht, aber sonst ganz normal. Ich geh also an denen vorbei. Schlägt mir der eine volles Rohr in die Fresse. Zong! Mit der Faust. Ich auf den Boden, aber zum Glück noch geistesgegenwärtig genug: Rappel mich irgendwie gleich wieder auf und renne, so schnell ich kann. Die Straße runter. Die Typen mir nach. Ich zum Glück schneller. Als sie merken, dass sie mich nicht mehr kriegen, geben sie auf. An der Ecke drehe ich mich um. Da seh ich, wie sie dem nächsten, der da an ihnen vorbeigeht, eine reindonnern. So wie vorher mir. Und der rennt nicht los, der klammert sich an die Hauswand. In dem Augenblick, sag ich dir, hätt’ ich ’ne Waffe gehabt, ich hätte die umgebracht, und zwar mit Genuss. Und sie hätten es auch verdient. Ich sag’s dir noch mal, damit du nicht denkst, ich sag’s nur zum Spaß: Ich hätte die abgeknallt, und zwar mit Genuss! Deshalb Vorsatz Nummer eins fürs nächste Jahr: Waffe besorgen. Und jetzt mal was ganz anderes: Ist das nicht irre, ein Silvester ohne einen einzigen Knaller in dieser *Millionenstadt!*«

Ich stimmte ihm natürlich in fast keinem Punkt zu, hatte aber trotzdem interessiert zugehört. Nachdem er mit seinem Monolog fertig war, hielt er noch zwanzig oder dreißig Minuten durch. Danach lag er bewusstlos in einer Ecke. *Schlafen* konnte man das jedenfalls nicht nennen.

Mitternacht war vorbei, die Gespräche wurden ruhiger. Ich hatte mich in einen mit Kuhfell bezogenen Sessel gesetzt. Unsere Gastgeber mixten jedem den Drink, den er wollte. Marc erzählte von seiner Kindheit. Sein Vater war bei der Army gewesen. Allein während Marcs Schulzeit war die Familie zwölfmal umgezogen. Das habe zur Folge gehabt, sagte Marc, dass er sich abgewöhnt habe, Kontakte über Distanzen hinweg zu pflegen. Er freunde sich mit Leuten an, die in seiner Umgebung lebten, er freunde sich gut mit ihnen an und sei ein treuer und verlässlicher Freund – solange man in der Nähe sei. Wenn er aber wegziehe, oder wenn sie wegzogen, dann melde er sich nie. Als Schulkind habe er nach Umzügen zwei- oder dreimal Briefe an Schulkameraden geschrieben, die er besonders gemocht hatte, ohne je eine Antwort zu kriegen. Das habe ihn so getroffen, dass er es nie wieder probiert habe. Wenn er aber jetzt jemandem begegne, mit dem er einmal befreundet gewesen sei, dann könne er nahtlos wieder genau da ansetzen, wo sie einmal aufgehört hatten.

Marc trug eine große ovale Gürtelschnalle mit einem riesigen bunten Glasstein in der Mitte. Jetzt ist es vielleicht an der Zeit, zu erwähnen, wo wir überhaupt waren. Wir saßen in einem Holzhaus in Altadena. Das Haus gehörte meinem Cousin Hannes, der vor zwanzig Jahren eine Amerikanerin geheiratet hatte und hierher gezogen war und nun mit Mary und seinem 17-jährigen Sohn Frank hier lebte, am Rand von Los Angeles. Ein paar Schritte vom Haus entfernt begann ein Naturpark, Berghänge voll trockenem Gebüsch, eine Gegend, in der jeden Augenblick ein Feuer ausbrechen und den ganzen Stadtteil – großzügige, einstöckige Häuser im Schatten chinesischer Ulmen in weitläufigen Gärten mit blauen Pools und allen möglichen Kakteenarten darin – vernichten, oder in der dir beim Joggen ein Berglöwe ins Genick springen und dich mit einem Biss erledigen konnte. Piet und ich waren über Silvester herüber geflogen. Piet hatte natürlich kein Geld gehabt, ich hatte seinen Flug mitbezahlt. Im Frühjahr und im Spätsommer, wenn es nicht zu kalt und nicht zu heiß war, standen die Türen der Häuser hier offen, und die Terrassen im Halbschatten wurden eins mit dem Wohnraum. Nachts wurde nicht abgeschlossen, weil es sinnlos war, so dünne Haustüren abzuschließen, weil jeder, der hineinwollte, sie einfach eintreten konnte. Und wem es zu viel Mühe war, die Haustür einzutreten, der konnte gleich daneben das Glas einer Fensterfront einschlagen.

Eigentlich war ich schon eine ganze Weile hier, ich war ein paar Wochen früher gekommen, und Piet kam nach, als er aus seiner Anstalt raus war. Die meiste Zeit war ich Auto gefahren. Wenn man nachts auf dem Freeway war, sah man die roten Rücklichter der Autos vor einem, und in den Seiten- und Rückspiegeln sah man die weißen Frontscheinwerfer der Autos hinter einem. Und manchmal passierte es, dass für Momente alle Autos in derselben Geschwindigkeit fuhren. Wenn das geschah, war man Teil eines Stroms, und das Wort Ich hatte keine Bedeutung mehr.

Ich fuhr stundenlang durch die Stadt, ohne mit jemandem zu sprechen. Ich hatte das Gefühl, ich müsste nur lange genug fahren, um am Ende als ein anderer Mensch aus dem Auto zu steigen. Ein Mensch, der mit dem Land, von dem Piet geredet hatte, nichts mehr zu tun hätte. Wenn ich hier unter dem Himmel stand, konnte ich Sachen denken, die ich dort nicht denken konnte. Weil der Himmel weiter war. Weil niemand im Blickfeld stand. Weil einem keiner zu nahe trat.

Ich stellte mich an die Schiebetür der Glasfront und sah hinaus in den dunklen Garten und hinunter zum Pool und dem kleinen Poolhaus, in dem Marys Eltern, die auch über Silvester zu Besuch waren, schon schliefen. Hinter mir unterhielten sich Marc, Hannes und Mary über ihre Kindheit. Ich dachte: Die Menschen sind anders in diesem Land. Diese weißen angelsächsischen Protestanten. Sie sehen so aus wie wir, aber sie sind so verschieden von uns wie Japaner oder Chinesen. Ich dachte: Logisch, dass sie so vorauseilend freundlich und dann so vergesslich waren – in der Prärie hatte das Miteinander funktionieren müssen, von der ersten Sekunde an, allerdings nur so lange, bis man sich wieder trennte. Es bestand keine Notwendigkeit für das, was wir Tiefe, und keine für das, was wir Beständigkeit nannten. Es bestand nur die Notwendigkeit, geschmeidig zu funktionieren – geschmeidig wie ein Wagen mit Automatik.

Ich sagte mir, dass ich wohl zu viele Western gesehen hatte. (Und zwar in den Kinos dieser Stadt: Allein in den wenigen Wochen, die ich hier war, waren vier neue davon angelaufen.)

Ich dachte an Terrence Malick, *The New World*, und an die Tatsache, dass Captain Smith in dem Film Amerikanisch sprach, obwohl es damals noch gar keine Amerikaner gab. Und ich fragte mich, ob damals in

Jamestown wirklich jene Rede gehalten wurde, die in dem Film zu hören ist: zur Neuen Welt als dem Land, in dem der Mensch sich zu seiner wahren Größe erheben werde. Ich öffnete die Schiebetür einen Spalt und trat hinaus auf die Veranda. Eine einzelne Zikade zirpte in der Nähe. Sonst war es still. Ich sog die kühle Luft ein, den Duft der Bäume.

In diesem Augenblick fielen auf der Straße Schüsse. Vor der Einfahrt zum Haus. Keine dreißig Meter entfernt, nahe dem Poolhaus. Sechs oder sieben Stück. Mit einer kleinen Pause nach dem vierten.

Ich sprang ins Haus, weg von der Fensterfront, und duckte mich.

»Fuck! – Was war das?«

»Revolverschüsse?«, fragte Marc.

»Klang so«, sagte Hannes, stand auf und spähte, die Hände in den Taschen und ohne allzu nah an die Glasfront heranzugehen, nach draußen.

»Mach doch mal das Licht in der Ausfahrt an«, sagte Mary.

»Meinst du?« Hannes rührte sich nicht.

Piet lag weiter wie tot in seiner Ecke auf dem Sofa.

»Meine armen Eltern«, sagte Mary. »Meine Mutter wird sich zu Tode fürchten.«

Sie schenkte sich von dem Absinth nach, den Marc mitgebracht hatte.

»Wer schießt denn da?«, fragte ich.

Frank stand in einer Strickjacke und mit Strickhausschuhen an den Füßen in der Mitte des Raumes und zuckte die Achseln. »Gang activity. Maybe.«

Er war Maler, er hatte einen Studienplatz an einer Kunstschule in New York bekommen, mit Stipendium.

Er stritt sich mit seinen Eltern darum, wie viele Zigaretten er pro Tag rauchen und wie viele er davon selbst bezahlen musste, solange er noch nicht achtzehn war. Es war eine ziemlich vertrackte Erziehungssituation, in der sich die Eltern nicht auf eine gemeinsame Linie einigen konnten.

Hannes ging nachschauen, ob eine E-Mail vom Sheriff gekommen war. »Wenn was passiert, kriegen wir vom Sheriff per E-Mail Bescheid. Die ganze Nachbarschaft.« Aber es war keine E-Mail gekommen.

Kurz darauf hörten wir einen Hubschrauber in der Nähe, und Lichtstrahlen wanderten von der Straße aus durch den Garten.

Am nächsten Morgen ging ich hinaus, um mir die Straße anzusehen, und fing Marys Eltern ab, die schon im Auto saßen und abfahren wollten. Ich lotste sie ins Haus und machte ein bisschen Lärm, damit auch die anderen aufwachten.

Piet setzte sich an den Frühstückstisch: »Ohne Scheiß jetzt, ich hab von Indianern geträumt.« Als wir ihm von den Schüssen erzählten, meinte er: »Na, kein Wunder«, und versuchte mit den Lippen beim Lachen seine faulen Zähne zu bedecken. Ein paar Jahre Heroinrauchen hatten sein Gebiss ruiniert. Und ich glaube, Hannes merkte erst jetzt, dass mit Piet was nicht stimmte. Wenn ich es ihm vorher gesagt hätte, hätte er ihn nicht in sein Haus gelassen.

»Habt ihr euch nicht erschreckt?«, fragte ich Marys Eltern.

»Oh doch!«, meinte der Vater. »Diese Schüsse fielen direkt neben unseren Kopfkissen, mein Junge, unser

Bett stand praktisch mitten in einer Schießerei. Zeig mir den Menschen, der da nicht wenigstens für 'nen Augenblick wach wird!«

»Und danach konntet ihr noch schlafen?«

»Naja. Wir hatten mit der ganzen Sache ja nichts zu tun. Also bleibst du besser, wo du bist. Diese Typen hatten was zu regeln, und sie haben's geregelt, und das war's.«

»An eurer Stelle hätte ich drei Gewehre im Haus«, sagte Piet.

»Und dann?« Mary schien wirklich entrüstet. »Dann würdest du auch noch McCain wählen, wenn du dürftest? Und ich dachte, du kommst aus Europa.«

»Am Ende des Jahres fährt man nicht einfach so weg«, sagte ich. »Am Ende des Jahres fährt man weg, um etwas anzufangen oder zu beenden.« Du lachtest mir ins Gesicht, bis dir die Luft ausging (du sahst mich an, wie man eine angefahrene Katze ansieht). »Und?«, fragtest du. »Was ist mit uns?« (Du schobst deinen Schwanz zurück in die Unterhose.) »Ich weiß nicht«, sagte ich. »Ich glaube, wir sind weggefahren, um herauszufinden, ob wir noch zu retten sind.«

Im Dezember war Spanien ein komisches Land, aber davon hatten wir nichts gewusst (am Anfang), als wir gelandet waren in Málaga, dieser Stadt, die aussah wie ein pockennarbiges Gesicht. Selbst wenn es hier Ecken von großer Schönheit geben sollte, hatten sie keine Chance: Der erste Eindruck der Hässlichkeit ließ sich unmöglich wieder vergessen. In unseren Knochen echote noch der Flug, als wir vor dem Gepäckband standen und darauf warteten, dass es anlief. Unsere Schalenkoffer sahen verdächtig aus, zu neu, zu unversehrt neben den anderen. Wir griffen nach ihnen und zerrten sie von den schwarzen Gummiplatten. Dann standen wir kurz einfach nur da, obwohl es keinen Grund zur Unentschlossenheit gab (wir wussten, was zu tun war). Vielleicht war es eine heftige Müdigkeit, die für Sekunden über uns kam, vielleicht auch nur dieses grundlose Zögern, das uns in letzter Zeit immer öfter befiel, wie Tiere, die plötzlich in einer Bewegung innehalten, weil sie glauben, etwas zu wittern, um nach einem Moment der Irritation ihre Tätigkeit wieder aufzunehmen (beharrlich, zügig, als wäre nichts geschehen).

»Du bleibst hier sitzen«, sagtest du und verschwandest kurz, um mir höchstens eine Minute später einen Becher dampfenden Kaffee in die Hand zu drücken, wie man einem Kind einen Luftballon in die Hand drückt oder ein Spielzeug, mit dem es sich beschäftigen soll. Ich trank artig (als würde ich beobachtet) und lehnte mich mit dem freien Arm über unsere Koffer (als könnte das irgendjemanden davon abhalten, sie zu stehlen). Gerade griff mir ein Bündel Licht ins Gesicht wie eine Hand, und eine Inderin mit nackten Füßen, an denen sich die Haut schälte, ging an mir vorbei, als du dich über mich beugtest. Du warst nur ein schneller Schatten, den ich am Geruch erkannte, und ich dachte, du wolltest mich küssen, also schloss ich die Augen und lehnte mich dir entgegen. Als ich sie wieder öffnete, hattest du beide Koffer in der Hand und zeigtest mit dem Kopf vage in eine Richtung. Zwischen deinen Zähnen ein Schlüssel, auf dem der Name eines Autoverleihs stand, und irgendeine Nummer.

Zwanzig Minuten später saßen wir in einem dunkelblauen Ford Focus und durchsuchten das Handschuhfach nach einer Bedienungsanleitung für den CD-Player. Auf dem LCD-Display leuchtete die Aufforderung »ENTER CODE«, aber wir kannten den Code nicht, wir wussten noch nicht mal, wie viele Ziffern er haben sollte. Ich sagte: »Ein Urlaub ohne Musik, das geht nicht« (ich legte den Kopf in die Hände). Irgendwo quietschten Reifen. Von der Rampe fiel Licht auf unsere Etage (kurz leuchteten die Wagen auf wie etwas Wertvolles). Wir versuchten es mit 0000, dann mit dem Autokennzeichen.

»Wir haben nur noch eine Chance«, sagte ich.

»1704«, sagtest du.

»Was soll das sein?«

»Der Tag, den dem wir uns kennen gelernt haben.«

»LOCKED«, sagte das Display.

»Einen Versuch war es wert«, sagtest du.

Als ich zu schreien begann, die Tür aufstieß, mich aus dem Wagen kämpfte und losrannte, riefst du mir nicht hinterher. Du fuhrst los und folgtest dem blinkenden Pfeil. Als du mich am Ausgang der Garage auf dem Eckstein kauern sahst (wie etwas Weggeworfenes), drücktest du die Beifahrertür auf, und ich stieg ein, so wie ich immer wieder eingestiegen war.

Vielleicht gewöhnte ich mich daran, an die Stille im Wagen und alles. Stattdessen beobachtete ich die Hunde, die in kleinen Rudeln oder Paaren plötzlich am Straßenrand auftauchten. Sie waren hässlich: Ihnen fehlte ein Bein oder der Schwanz, sie hatten verklebtes oder zerrupftes Fell, Fleischwunden und eitrige Augen. (Sie sahen uns nach.)

Die erste Nacht verbrachten wir in Nerja, dem kleinen Fischerdorf mit den gekalkten Häusern. Alles war weiß in Nerja, darum war auch die Nacht hier heller (die Sonne war schon untergegangen, als wir ankamen). Es war der Tag vor Heiligabend, und der Platz vor dem Hotel, der auf einer Seite von der Kirche begrenzt wurde und auf der anderen in den Balcón de Europa überging, war besetzt bis auf die letzte Bank. Unter den Orangenbäumen standen braungebrannte Jungen und rauchten. Auf den Rattanstühlen vor der Hotelbar saßen alte Männer und spuckten Olivenkerne in den Aschenbecher. Unter den Tischen lagen Katzen und leckten sich das filzige

Fell. Neben den Tischen stand ein Automat und quiekte (»Feed me – I'll give you delicious popcorn«). Vielleicht wäre das der Moment gewesen, dich zu fragen. Was machen wir hier, um Gottes willen? Was soll das Ganze? Was haben wir vor? Du hättest auf alle drei Fragen doppelt geantwortet (mit einem Schulterzucken und einem Lächeln).

Wir fuhren mit dem Aufzug in unser Hotelzimmer, das eher ein Apartment war. Das französische Fenster ging auf den Markt hinunter, es war nur angelehnt (der Wind hatte die Gardinen aufs Bett geweht). Ich strich über den gebügelten Kopfkissenbezug und wunderte mich kurz über den Klang der Stimmen, die von unten heraufstiegen (die fremdartigen Stimmlagen, die rätselhafte Intonation, das Garstige, Ungehobelte der Sprache). Ich lief durch den Raum, berührte ein paar Dinge, stellte sie an einen anderen Fleck. Ich zog die Schubladen des Küchenschrankes auf, und als ich meine Hände auf die Kochfelder legte, sagtest du: »Kommt gar nicht in Frage. Wir gehen essen.«

Im Restaurante El Gato Negro gingen wir verloren zwischen den giftgrünen Tannenbäumen, den Girlanden, dem Lametta, den Lichterketten, Porzellan-Weihnachtsmännern und Deko-Servietten. Verstört bestellten wir Gazpacho und ein paar Tapas (weil man das so machte), halbherzig redeten wir ein bisschen (weil wir dafür hier waren) – »Dafür sind wir doch hier«, antwortete ich, als du fragtest: »Was redest du denn da? Warum fängst du jetzt damit an?« Auf dem Rückweg musste man uns ansehen, wie lange wir schon nicht mehr Arm in Arm nebeneinander hergelaufen waren: Unsere Becken stießen gegeneinander, deine Hand fand ihren Platz nicht mehr auf meiner Hüfte.

»Wusstest du, wie die hier Weihnachten feiern?«, fragtest du. (Ich wusste es nicht.) Wir hatten blind und taub geschlafen und den ganzen nächsten Tag das Hotel nicht verlassen, es war ein Test gewesen (ob wir uns noch aushielten, ob wir unsere Nacktheit noch ertrugen). Wir hatten Sandwiches bestellt, uns mit Sherry betrunken und geschwitzt, mit unseren nassen Rücken waren wir an den Gardinen entlanggestrichen (wir hatten so lange nebeneinander auf dem Bett gelegen, bis es uns leicht fiel, zu den Stimmen unterm halbgeöffneten Fenster so zu tun, als wäre es etwas Gewöhnliches, Beiläufiges, miteinander zu schlafen). So war es ohne unser Zutun Abend geworden, und plötzlich warf sich dieser Lärm gegen die Scheiben. Wir zogen die Gardinen auf (wir erschraken beide). Ein leuchtendes Rentier wurde auf einem Wagen durch die dichte Menge geschoben, die Menschen rissen die Arme hoch und jubelten (Fasching/Prozession/Religion). Mitten auf der Plaza, eingesperrt in einen Zaun wie ein Ziergewächs, saß auf einem der Rattanstühle der Hotelbar ein Weihnachtsmann, der Kinder anlockte, um sie mit Zuckerstangen wieder wegzuschicken. Alles, woran ich denken konnte, war, dass er schwitzen musste (der Mann in seinem Kostüm).

Später packten wir das Geschenk aus, das deine Eltern uns noch in die Hand gedrückt hatten (das beinahe keinen Platz mehr gefunden hatte in unserem Gepäck). Es war eine Danish-Cookies-Dose, mit weihnachtlichem Geschenkpapier beklebt. Ich öffnete sie vorsichtig, als erwartete ich eine Explosion (einen Clown, der mir ins Gesicht springt). Da waren Wunderkerzen und Tannenzweige, jeweils zwei, in eine Serviette gewickelte selbstgebackene Kekse, Räucherkerzen und ein Holzengel, der unterwegs seinen Kopf verloren hatte. (Die Flügel waren beide noch dran.) Du standest auf, zündetest dir eine Zigarette an und sagtest: »Typisch«, aber als ich weinte, weintest du auch. (Und warum weintest du?)

Die folgenden Tage und Nächte verbrachten wir in verschiedenen Hotels, auf großen Steinen am Straßenrand und in unserem dunkelblauen Ford Focus. Du hattest uns jede Nacht woanders einquartiert, du liebtest die Abwechslung und die Gefahr, dass jederzeit etwas schiefgehen konnte. (Aber es ging nichts schief.)

Das Land war leer, bis auf diese Hunde, und die Sonne zwang uns dazu, unsere Pullover auszuziehen, auch wenn wir lieber mehr angehabt hätten. Es wurde niemals dunkel (erst mitten in der Nacht merkten wir, dass es dunkel geworden war).

Im Hotel Antequera Golf waren wir außer einem stillen amerikanischen Ehepaar die einzigen Gäste (beim Frühstück taten die Küchenfrauen so, als wären wir viele). Als wir einen Ausflug ins Umland machten, stießen wir zufällig auf diesen Berg (El Indio), der kein gewöhnlicher Berg war, sondern ein liegender Indianerkopf. Mit zusammengekniffenen Augen erkannten wir sein Gesicht (leicht geöffnete Lippen, große, gebogene Nase, geschlossene Augen), das sich wieder auflöste, je näher wir kamen. Zuerst erschienen Falten auf den Wangen, Risse, die zu Klüften wurden. Dann knickte die Nase ein und zerfiel wie trockener Sand, der nur auf den ersten Blick stabil wirkt. Die Lippen verschwanden, die Augen sanken ein (alles verschob sich). Aus nächster Nähe blieb nur kalter, von Millionen Furchen durchzogener Stein. In der Nacht träumte ich von diesem Gesicht, tagsüber erkannte ich es plötzlich überall wieder (in einer Wolke, im Milchschaum auf dem Kaffee, im Schatten eines Olivenbaumes).

In Álora schwiegen die Kinder, und die Hunde lagen melancholisch auf den Plätzen und fraßen Müll. Esel wurden von hier nach dort gebracht, sie blieben immer wieder stehen, um den Kopf zu senken, als müssten sie darüber nachdenken, ob es Sinn machte (das Laufen und alles). Wir stiegen auf einen Berg und betrachteten die Stadt von oben: weiße Häuser, Liegestühle, Wäsche, Orangenbäume (leere Plätze, Staub). Geräusche: ein einsamer Motorroller, das Selbstgespräch eines Papageis, eine Säge, ein verirrtes Bellen, Hall (unruhige Stille). Weiter draußen, am äußersten Rand des Ortes, stand ein blauer Nestlé-Wagen wie ein Ding aus einer anderen Zeit. Eine fette junge Frau stand hinter dem Tresen, die Hände auf das Holz gestemmt, gebückt, wie eingeklemmt in ihrem Gefährt. Ich überlegte, ob wir Eis kaufen sollten, das wir kannten (oder wenigstens Schokolade). Dann gingen wir doch einfach weiter.

Auf dem Weg nach Ronda gerieten wir in einen Stau (ich wunderte mich, dass es so viele Wagen geben sollte). Die Sonne brachte die Straße zum Glühen. Niemand stieg aus. Niemand schimpfte. Niemand pinkelte an den Rand. Als es weiterging, entdeckten wir in der Ferne eine Zusammenballung. Je näher wir kamen, umso klarer teilte sich der Farbhaufen in zwei zerbeulte Autos, einen Wagen der Guardia Civil und die Silhouetten gelassen rauchender Männer. Aus der Nähe erkannte ich das Blut auf der Straße, es war noch nicht ganz eingetrocknet. Als wir langsam an der Unfallstelle vorbeifuhren, sah ich die offene Heckklappe des Krankenwagens. (Die Bahre war leer. Auf dem Boden lag eine schwarze Decke. Hundert Meter weiter leuchtete am Seitenstreifen eine lederne Handtasche.)

Als wir die Stadt (das Hotel, das Hotelzimmer) erreicht hatten, schlugen wir die Tür hinter uns zu, warfen unsere Sachen ab und stürzten uns aufeinander. Erst eine Stunde später war der Sturm vorbei. »Blutest du?«, fragtest du laut, als wir an die Außenkanten des Bettes auseinandergerollt waren. »Kann sein«, sagte ich. Als wir später an der Tür standen (angezogen, aufgeräumt), als ich sagte: »Weißt du, Nils, wir schlafen miteinander, um nicht reden zu müssen«, tatest du so, als hättest du mich nicht gehört, und fingst an zu pfeifen.

Ronda war die Stadt mit dem Riss in der Mitte, Ronda war die Stadt der Räuber (die Stadt, die Hemingway für die Hochzeitsreise empfahl). Ronda war die Stadt, in der der Wind wieder stärker wurde. Wir taten so, als wären wir Touristen, wir besichtigten die Plaza de Toros, den Alameda del Tajo, die Altstadt, die Bandoleros-Museen, die Schlucht (wir aßen sogar Eis), aber aus der Nähe waren wir unglaubhaft: Wir machten keine Fotos (nur dieses eine). »Machen wir ein Foto vor dem Abgrund«, sagte ich, und als mir auffiel, was ich gesagt hatte, lachte ich, bis mir schwarz vor Augen war.

Zwischentage (weiße Tage). Da war Sevilla mit der Kathedrale, mit dem Fluss mit dem seltsamen Namen (Río Guadalquivir), mit der Flamingo-Bar und der Unmöglichkeit, an Weihnachten zu denken (Silvester, ein neues Jahr). Da war Chiclana de la Frontera, eine leere Feriensiedlung, die aussah wie endgültig verwaist (überstürzt verlassen), andere Feriensiedlungen, halb aufgebaut (oder, vielleicht, halb abgerissen), Frisöre, Ärzte, Restaurants, Hipermercados, Golfplätze im Nirgendwo. Einsamkeit am Strand, ein viertelstündiger Weg vom Tor bis zu unserem Apartment (Nummer 799). Da war die Costa de la Luz, da war Tarifa, die von Mauern umschlossene Stadt, die Stadt, in der sich der Wind verfing wie in einem im Garten aufgespannten Bettlaken, die Stadt, in der die Surfer früh aufstanden (die einen, egal, wohin man ging, immer wieder zur Plaza de Oviedo zurückführte).

Im Café Central sah ich deine Müdigkeit, und ich sah meine Müdigkeit in deiner Müdigkeit, ich sagte: »Wir schlafen zu viel miteinander« (ich sagte: »Wir reden zu wenig«). Du kniffst die Augen zusammen und sagtest: »Gut, was willst du mir sagen?« Ich lehnte mich in meinem Stuhl zurück. Ich zog an der Zigarette. (Ich merkte, wie meine Finger langsam betrunken wurden.) »Zum Beispiel«, sagte ich, »dass du früher nicht aus dem Bad gegangen bist, wenn ich pinkeln musste. Zum Beispiel, dass du früher in den Hotelzimmern noch die Bilder abgehängt hast, die ich nicht leiden konnte. Zum Beispiel, dass ich, als wir den Medizinschrank gekauft hatten, dachte: Jetzt kann nichts mehr passieren, jetzt habt ihr einen Medizinschrank, jetzt bereitet ihr euch auf Notfälle vor. Zum Beispiel, dass ich vor ein paar Wochen ein Lied gehört habe, irgendein Lied mit irgendeinem Text, und als es vorbei war, dachte ich: Das ist doch alles die gleiche Scheiße. Ich dachte: Wie erbärmlich das ist, aneinander zu arbeiten und so zu tun, als müsste man das nicht.« Du hattest dir inzwischen auch eine Zigarette angesteckt (ich drückte meine aus). Du sahst einer Gruppe Polizisten dabei zu, wie sie sorgfältig einen Strafzettel unter den Scheibenwischer eines Autos schoben. »Aha«, sagtest du.

Am letzten Tag kehrten wir nach Málaga zurück (als hätten wir uns nur kurz verirrt). Im Osten lag Pedregalejo, dieses Häufchen Strand und Häuser. Lange Straßen, eine leere Villa aus Holz, ein schöner Name (Villa Antigua). Dattelpalmen, eine Außentreppe, ein Hotelzimmer (wieder ein Hotelzimmer). Der Mann an der Rezeption lächelte und sagte auf Deutsch: »Es wird einen Wetterwechsel geben.« Ich bedankte mich und zählte im Kopf, wie oft jemand in den letzten Tagen mit uns gesprochen hatte (nicht oft). Wir hatten auch keine Weihnachtslieder gehört, und nun, am letzten Tag des Jahres, hörte der Gast im Nebenzimmer eine spanische Version von »Stille Nacht, Heilige Nacht«. Ich war traurig. Der Urlaub war vorbei (es hätte ein Urlaub werden sollen / es war ein Urlaub gewesen).

Wir hatten uns vorgenommen, es knallen zu lassen (»Wir lassen es knallen«, hattest du gesagt). Aber im Kaufhaus war niemand, der Chinaböller und Raketen suchte. Familien kauften Partyhütchen und Luftschlangen. Runde Spanierinnen mit strengen Zöpfen bildeten eine Schlange vor der Fleischtheke, um ganze Ferkel zu kaufen, die blass hinter dem Glas lagen, zu Bergen gestapelt (irgendwie friedlich). Selbst in der Süßwarenabteilung roch es noch nach Fleisch, das schon lange tot ist, und überall hingen uns diese riesigen Schinken im Weg (wie Mahnungen). »Was machen wir jetzt?«, fragte ich, und du sagtest: »Sekt kommt gar nicht in Frage.« Also kauften wir Gin, braunen Rum und eingeschweißte Churros con Chocolate, und als wir mit unseren Tüten vor dem Bauch aus dem Kaufhaus traten, mussten wir plötzlich die Augen zusammenkneifen.

Draußen war der Himmel vom Himmel gefallen. Die Luft war schwarz und roch nach Regen, die Bäume tuschelten, die Kakteen kauerten sich zusammen, die Menschen flohen gebückt. Wir rannten zum Wagen und fanden zurück zum Hotel, aber wir waren nass geworden (und euphorisch). Wir setzten uns auf die Einzelbetten, sahen uns durchs unbeleuchtete Zimmer hinweg an und lachten. Der Sturm lehnte sich gegen unser Fenster. Später weinte ich, und du gingst rauchend zwischen den Betten auf und ab (als hättest du gesehen, dass man das in solchen Fällen so macht). Ich nahm den Schokoriegel von meinem Kopfkissen und würgte ihn im Ganzen herunter, ohne zu kauen. Du sahst mir dabei zu, und dann sagtest du auf einmal: »Das hast du nur gemacht, um mich zu beeindrucken.« Dabei legtest du den Kopf schief, wie du es ganz am Anfang manchmal getan hattest (als ich noch undurchsichtig für dich war). »Kann sein«, sagte ich. »Und«, fragte ich, »hast du die Antwort? Sind wir noch zu retten?« Da fingst du plötzlich an, dich auszuziehen. Du nahmst dir Zeit dafür, du legtest die Sachen sogar ordentlich auf einen Haufen, was du sonst nie machtest, wie um mir zu zeigen, dass du auch ganz anders sein könntest (wenn du wolltest). Aber ich blieb angezogen, und als du zu mir herüberkamst, um alles mit deinem Körper zuzudecken, sagte ich: »Es ist immer traurig, wenn Dinge zu Ende gehen.« Du hattest verstanden und setztest dich neben mich aufs Bett. (Wir warteten, bis dein Schwanz wieder klein geworden war.) Ich zuckte zusammen, als du mir eine Hand auf die Schulter legtest. »Ich wollte, dass es ein schönes Ende wird«, sagtest du. »Ja«, sagte ich, und: »Der, der nach dir kommt, wird es schwer haben. Es wird lange dauern, bis die Dinge die Bedeutung verlieren, die wir ihnen gegeben haben.« Du lachtest über diesen Satz (du lachtest über mich). »Aber jetzt«, sagtest du, »jetzt lassen wir es knallen.«

Um elf Uhr machten wir uns auf den Weg. Wir waren betrunken bis in die hintersten Winkel unserer Körper (Gin & brauner Rum), und der Wind war lauter geworden. Wir mussten uns gegenseitig festhalten, um nicht auf die Straße geworfen zu werden, und es fiel Regen – diese Art Regen, der von allen Seiten kommt (ein Schirm hätte uns nichts genützt). Außer uns war niemand unterwegs, nur die Plakate an den Haltestellen waren lebendig geworden. Wir nahmen die Straße in Richtung Strand, dort musste es Bars geben. Wir sangen »Stille Nacht, heilige Nacht«, aber wir hatten den Text vergessen, also sangen wir immer nur bis »alles schläft, einsam wacht«, und dann wieder von vorn. Einmal sagtest du: »Die meiste Zeit mit dir war eine schöne Zeit.« Einmal sagte ich: »Ich werde versuchen, noch vor dem Sommer bei dir auszuziehen, das ist doch ein Vorsatz.« (Einmal übergab ich mich in einen Kakteenstrauch.)

Es war schon nach Mitternacht, als wir eine Bar fanden. Sie war leer, bis auf drei Männer am Tresen. Sie erhitzten Blei über einem Campingkocher (sie trugen Partymützen), sie fragten uns, wer wir seien, und wir sagten: »Wir haben uns gerade getrennt.« Das fanden sie lustig, sie luden uns ein mitzumachen. Wir setzten uns zu ihnen und bestellten Gin, wir gossen das flüssige Blei in ein Glas kaltes Wasser, dann hielten wir den erkalteten Klumpen gegen eine Kerze und sahen uns den Schatten an der Wand an. Einer der Männer sagte etwas auf Spanisch. Der andere übersetzte: »Es ist ein Geweih.« »Und was bedeutet das?«, fragte ich. »Ich weiß nicht«, sagte der Andere, »wir haben den Zettel mit der Auflösung verlegt.« Der Sturm draußen wurde stärker. Einmal flog die Tür auf, und es wehte eine zerdrückte Coladose herein. Die Musik wurde lauter gedreht (die Musik ging uns direkt ins Blut).

Als es sehr spät war, fragte der eine Mann etwas auf Spanisch. Der andere übersetzte. »Er fragt, was ihr euch gewünscht habt.« »Gewünscht?«, fragte ich zurück. Der Spanier sagte: »Las uvas de la suerte.« »Die Trauben des Glücks. Habt ihr keine gegessen?« Du sahst mich an. Ich sah den Spanier an. Der Spanier schüttelte den Kopf. »Ihr werdet Unglück haben«, sagte der Andere.

Thomas von Steinaecker ▸ Der Anfang des Endes des Anfangs

Bobi unterhält sich mit Susi. Bobi trägt den beigen Kordanzug, den Renate ihm zum Geburtstag geschenkt hat. Susi trägt ein grünes Kleid. Zusammen ergibt das ein schönes Bild: beige und grün. Bobi und Susi halten Sektgläser und stoßen an. Bobis Blick verharrt dabei auf Susis niedergeschlagenen Augen. Die drei Männer in schwarzen Anzügen auf dem roten Ledersofa im Hintergrund lachen laut auf. Außerdem im Wohnzimmer des Apartments wie auch in den anderen Räumen: Grüppchen von Menschen, die Cocktails trinken und Cracker essen, unter ihnen Lindner und Hülnia. Die gesamte Kanzlei ist anwesend, sogar Birne, die Putzfrau. Links neben dem roten Sofa: das bläulich schimmernde Aquarium. An den Wänden: die Regale mit Renates Schallplattensammlung und Bobis Büchern sowie der Schmetterlingsvase, die zwei Tage später herunterfiel und zerbrach. In der rechten Ecke steht der Plasmafernseher, auf dem dieser Sekten-U-Boot-Film läuft, ohne dass irgendjemand zusieht.

Steven Flint, der sich *Das A* nennt, besitzt ein enormes U-Boot, das in einem verschlafenen Nest an der Westküste der USA vor Anker liegt. *Das A* hat mittels eines geheimnisvollen Systems Berechnungen angestellt, nach denen die Welt am 31. Dezember durch einen Meteoriteneinschlag in der Nähe von New York für mehrere Monate in eine undurchdringliche Staubschicht gehüllt sein wird, ähnlich wie beim Untergang der Dinosaurier. Derjenige Teil der Menschheit, der nicht darauf vorbereitet ist, wird den Tod finden; bei jenem Teil jedoch, der überlebt, wird es sich um *Die Erkorenen* handeln, die ein neues Geschlecht begründen. Zu diesem Teil werden *Das A* und seine Jünger zählen, zusammen mit ihm drei Männer und neun Frauen, drei Frauen pro Mann. Die beiden anderen Männer haben von *Das A* die Namen *Das B* und *Das C* erhalten. Ihre nach der Katastrophe zu zeugenden männlichen Nachkommen werden *Das D*, *Das E* und so fort heißen. Die drei Männer tragen blaue, die neun Frauen graue Kittel. Ihr Haar ist zum Dutt zusammengebunden. Die drei Männer transportieren gerade die Vorräte, Kisten, Paletten und Säcke, über die Landungsbrücke ins U-Boot. Die Frauen spielen auf dem Rasen der Farm von *Das A* Federball. Dabei lachen sie. Es ist zwar kühl, doch die Sonne scheint grell. Man schreibt den 31. Dezember.

Im Wohnzimmer hat jemand aufgeschrieen, eine Frau im roten Kleid. Einige Gäste haben sich nach ihr umgedreht. Vor den bis dahin schwarzen Fenstern explodieren plötzlich bunte Kreise.

Eine Stimme fragt: »Ist es schon so weit?«

Eine andere antwortet: »Nee, noch lange nicht.«

Dann: »Renate, komm mal her. Sag mal was.«

Renate ist nähergetreten. Sie winkt und mümmelt wie ein Kaninchen.

Renate friert das Bild ein und drückt auf ◂ . Die Renate im Fernseher mümmelt, winkt und stellt sich wieder in eines der Grüppchen. Das bunte Strickkleid hat ihr gut gestanden, überhaupt, findet Renate, sah sie bei der Neujahrsfeier *heiß* aus. Ob die Einrichtung damals besser wirkte als heute? Bis auf das rote Ledersofa, auf dem sie gerade sitzt, hat sie alle Möbel aus dem Wohnzimmer hinausgeworfen, sofern Bobi sie nicht mitgenommen hat, kein Aquarium, keine Bücherwände mehr, die Schallplatten lagern jetzt in einer Reihe auf dem Boden. Bobi und Susi stehen im Video, das weiterläuft, genau an der Stelle, wo sich nun der Fernseher befindet. Dort standen sie und flirteten, und wahrscheinlich hat irgendwann Susi Bobi ein Zeichen gegeben und sie sind nebenan ins Schlafzimmer.

Im Schlafzimmer hat ein Mann aufgeschrieen. Nein, das kam aus der Wohnung unter Renates.

Warum sitzt Renate am 31. Dezember 2005 auf dem roten Sofa in ihrem Wohnzimmer und schaut sich das Video der Silvesterfeier des vorigen Jahres an? Im Februar hat sich Bobi von ihr getrennt und ist zu Susi gezogen. Renate wusste lange nicht, seit wann Bobi und Susi sich kannten, bis sie vor einer Woche von einer ehemaligen Kollegin, Jennifer, erfuhr, dass Bobi und Susi sich zum ersten Mal hier, im Wohnzimmer, näher gekommen seien. Inzwischen sind sämtliche Gefühle, diese Zeit sowie Bobi betreffend, in Renate abgestumpft. Sie kann Bobi sehen und nichts geschieht in ihr. Es existiert ein Video von jenem Abend. Renate hat es sich besorgt und sich vorgenommen, es wie eine Detektivin nach Spuren der Zuneigung zwischen Bobi und Susi abzusuchen. Während der Spielzeit des Videos geht etwas in Bobi vor, das alles verändert hat. Renate möchte feststellen, ob sie das, was mit beziehungsweise *in* Bobi geschieht, auch sehen kann.

Es ist ja auch nicht so, dass Bobis emotionale Umorientierung allein Renates Leben betraf; sie führte zur Auflösung der Kanzlei. Auf dem Video steht sie noch ahnungslos fröhlich zusammen. Nach der Trennung von Bobi verließ Renate die Kanzlei. Hülnia, mit der Lindner, der Chef, ebenfalls auf der Silvesterfeier zusammenkam, wurde auf ihre Stelle gesetzt, was aber nicht funktionierte, da sie dafür vollkommen unterqualifiziert war und sie ihre Beförderung nur Lindners Gefühlen verdankte. Hülnias Position nahm eine Neue, Frau Elsner, ein, die sich sofort mit Hülnia anlegte beziehungsweise umgekehrt. Hülnia drängte Lindner, Frau Elsner wieder zu entlassen, was auch geschah, Frau Elsner jedoch nicht auf sich sitzen ließ. Sie prozessierte, Lindner verlor, Hülnia beendete die Beziehung mit ihm, Lindner, offensichtlich ausgebrannt, wurde versetzt oder ließ sich versetzen. Bei der Gelegenheit wurde die Kanzlei einer schon länger angekündigten Effizienzprüfung unterzogen. Die Prüfung fiel negativ aus. Der Stab der Kanzlei wurde auf die anderen beiden Kanzleien in der Stadt aufgeteilt, die Büroräume aufgelöst, in Fachkreisen sprach man von einem *Schlachtfest*. So hängt alles miteinander zusammen.

Stummel, das Eichhörnchen, ist aus einem Traum erwacht, in dem es flink von Ast zu Ast springt, unter ihm, auf dem Waldboden, blaue und weiße Blümchen, es ist Frühling. Im Schlaf hat Stummel dabei die Krallen aus- und eingefahren, um sich an der geträumten Rinde festzuklammern.

Langsam entrollt sich Stummel, steckt den Kopf aus seinem Kobel, schnuppert. Draußen wehen schwach Gerüche. Alles überdeckt das große Weiß, der Schnee. Stummel stürzt sich den Stamm hinab, hält inne, nichts, stürzt weiter. Stummel riecht: einen Grashalm, einen verfaulten Pilz, eine Zigarettenschachtel, Haselnüsse. Dem Geruch folgt er. Als er an der Quelle angelangt ist, der leeren Kuhle, aus der er vor zwei Tagen die drei von ihm im Herbst versteckten Nüsse ausgegraben und aufgeknabbert hatte, wühlt Stummel darin noch ein paar Mal reflexartig Erde auf, kaut an den rundum verstreuten Schalestückchen, ahnt den Feind, der ihm das Futter gestohlen hat, sich selbst, jagt weiter. Am Waldrand setzt er sich auf seine Hinterbeine und zieht die fremden Gerüche ein, die aus den Fenstern der Gebäude steigen, dem Wohnblock mit Renates Apartment, ihre Käsecracker. Stummel bleibt im Schutz der Bäume, auch wenn die Gerüche Großes verheißen und er manchmal, während der Winterruhe, von den Dingen träumt, die so duften. Einer von Stummels siebenundzwanzig Brüdern wurde von einem Bewohner des Hauses gegenüber gefangen und in einen Käfig gesperrt, von wo aus er zu seinen in den Bäumen herumtollenden Geschwistern herüberschaute. Dann lief er nur noch im Kreis, starb und wurde von den Kindern des Bewohners auf der Wiese zwischen Siedlung und Wald begraben.

Am Nachthimmel wachsen auf einmal knallend bunte Pilze. Stummel hetzt davon, in Angst. Er springt von Baum zu Baum, zurück zu seinem Kobel, ins Warme.

Die gelben Pazifikfische in Karoform schweben im Aquarium. Über ihnen steht eine dicke Luftblase, bewegungslos. Das eingefrorene Bild flimmert. Renate geht in die Küche, hebt auf dem Weg dorthin eine Socke auf, die auf dem Teppich liegt, steckt sie in den Wäschekorb und spült einen Teller vom vorigen Abend ab. Erstaunt zieht sie aus dem Wasser ein kurzes schwarzes Haar, ein Bobi-Haar. Wie es in ihr gestriges Pilzgericht gelangte, ist ihr ein Rätsel.

Mittlerweile freut sich Renate, wenn sie zufällig auf Dinge verstorbener Verwandter stößt, eine in einem Buch vergessene Postkarte ihrer Großmutter, einen Schal ihrer Mutter unter ihrer Wäsche. Direkt nach dem jeweiligen Todesfall konnte Renate die nachgelassenen Besitztümer nicht sehen, geschweige denn berühren. Dann verging ein Jahr, wurde es Sommer, Herbst, und plötzlich zog es sie regelrecht zu den Fotos ihrer Eltern, Großeltern, zu den Kleidungsstücken, die sie zunächst nicht finden konnte, so gründlich hatte sie sie weggesperrt – damals, wie sie sich in jenem Moment plötzlich erinnerte, mit der Überzeugung, die Blusen, Pullis und Hosen irgendwann wieder hervorzukramen und zu diesem Zeitpunkt alles überstanden zu haben, ein glücklicherer Mensch zu sein. Tatsächlich hatte sie wie eine Maus am Käse minutenlang an dem Mantel ihres Vaters entlanggeschnuppert.

So wird es ihr auch mit Bobi gehen. Eines Tages wird sie ein Bobi-Haar entdecken. Die gesamten vier Jahre mit ihrem Ex werden ihr in einem einzigen sekundenschnellen Moment entgegenschießen. Sie wird die Augen schließen und genießen. Aber heute muss Renate erst einmal ihre Geschichte mit Bobi zu Ende bringen, indem sie den Anfang der Geschichte mit Bobi und Susi erfährt. Sie spult den Film vor, in wechselnden Positionen bewegen sich, nein, tanzen, die Gäste auf dem Band durchs Wohnzimmer, in dem sie sitzt, einige versammeln sich vor dem Fernseher und schauen den U-Boot-Sekten-Film fertig. Da geschieht es: Bobi und Susi verschwinden ins Schlafzimmer, Susi hat sich noch umgeschaut, ob jemand sie beobachtet, Renate drückt auf ▸. Alles geht weiter wie bisher, in normaler Geschwindigkeit, man unterhält sich, trinkt, isst Salzstangen, während, wie Renate weiß, Bobi und Susi in Bobis und Renates Schlafzimmer miteinander Geschlechtsverkehr hatten, nein, *haben* und wahrscheinlich in jener Nacht Ricki zeugten, nein, *zeugen*, der im September geboren wurde.

Es geschieht immer noch. Es wird nie aufgehört haben zu geschehen.

Ein paar Wochen nach der Trennung von Bobi fuhr Renate mit dem Bus durch die Gettos zur Containerenklave am Stadtrand, um die Wahrsagerin nach ihrem weiteren Schicksal zu befragen. Die Wahrsagerin studierte lange die Linien auf Renates Hand, vielleicht eine Viertelstunde. Sie sagte: »Ich sehe Folgendes: Du stirbst mit etwa 75 Jahren. Du wirst vier Kinder haben.«

Bobi und sie eilen wie die anderen Gäste auch aus dem Apartment, die Treppe herunter, in den Garten, von dem aus schwarz der Wald zu erkennen ist, die Kamera schwenkt zum Himmel, wo unter Ahs und Ohs knallend bunte Pilze wachsen. Renate und Bobi halten Hand.

Im Kobel liegt Stummel eingerollt, den Kopf auf dem Schwanz. Seine Ohren zucken bei jeder Explosion über der Stadt. Er träumt von einer Höhle im Waldboden, in der Höhle ein Tier, wie Stummel es noch nie gesehen hat, unförmig, feucht. Bei jeder Bewegung des Tieres glänzt jener Teil seines Fells, der aus dem Loch der Höhle schaut, schwarz in der Sonne.

Während in den Minuten, in denen die Anzeigen der Uhren im Apartment nacheinander die Null passieren, von draußen das Feuerwerk durch die Vorhänge blitzt, träumt Renate davon, zusammen mit den neun anderen Frauen in das U-Boot von *Das A* zu steigen, auf Tauchstation zu gehen. Wenig später sind die Erschütterungen zu spüren, die vom Einschlag des Meteoriten, der Druckwelle herrühren. Man isst Konserven, liest, kopuliert, Renate wie ihre Begleiterinnen mit *Das A*, *Das B*, *Das C*. Nach einem Monat steuert das U-Boot Land an, die Brände sind erloschen, die Toten von kleinen Tieren aufgefressen, der Boden ist durch die Asche fruchtbar. Man schlägt Zelte auf, man baut, zunächst ein Lager. Überlebende kommen hinzu, Renate trägt das Kind von *Das A*, *Das E*, in sich, das sie im Herbst gebiert, noch viele Kinder wird sie haben, *Das X* und, als man am Ende des Alphabets angelangt ist und wieder von vorne beginnt, *Das A2*, *Das S2*, *Das M3*, *Das Q4*. In einem Zimmer, das in ihrem Traum ihr Wohnzimmer ist, sitzt sie, umgeben von der Schar ihrer Nachkommen, und liest aus einem Buch vor. Draußen das Klopfen und Hämmern von der Stadt, der neuen Welt, die im Entstehen ist.

Unter großem Geläut senkt sich die Nacht übers Dorf. Der Gotteslärm treibt die Bauern vom gefrorenen Feld nach Haus, in die guten Stuben, wo Vorsilvestertrubel herrscht. Party-Igel werden mit Käsewürfeln bestückt, Buben sprengen verfrüht Raketen, Mädchen föhnen sich das Haar. Nur einer tut nicht mit – wie jedes Jahr: Bratvogel, vergessen von Gott und der Welt.

Weitab der Gemeinde hockt er auf der Eckbank im Pfarrhaus und hat keine Ahnung, was andere Pfarrer am verfluchten Einunddreißigsten so machen. Er jedenfalls gibt sich voll und ganz beschäftigt. Die Zungenspitze in den Mundwinkel geklemmt, locht er Konfetti aus liegen gebliebenen Pfarrbriefen – locht, stanzt, bildet Häufchen –, und er ist gerade so im Fleiß, als es rechts aus dem Hergottswinkel über ihm raschelt. Bratvogel linst hoch, Holzjesus grüßt. Wie immer. Bratvogel locht weiter. Nach einer Weile ein neuerliches Rascheln und Kruscheln aus dem Eck. Bratvogel schaut, wieder nichts, locht weiter. Dann jedoch, ganz deutlich jetzt, ein hölzernes KLONK. Bratvogel reißt den Kopf herum, stiert hoch und mitten hinein in zwei unendlich leere Augenhöhlen.

Wie hypnotisiert sitzt Bratvogel da. Dann fasst sich sein Verstand ein Herz und er erkennt die gesamte Erscheinung. Dort, am vom Fliegendreck und vielen Hängen schon ganz pappschwarzen Eichenkreuz hängt nicht mehr Jesus, stattdessen ein ausgemergeltes Männlein aus Fleisch und Blut. Die Lenden dürftig von einem Schurz verhüllt, die Wangen eingetrocknet, hinter dem kraftlosen Kinn klafft ein zahnloser Schlund. Bratvogel kennt das Gesicht genau, war es doch das letzte, das er von ihm sah. Vom Kaplan. Damals, an seinem Sterbebett. Umringt vom Bürgermeister, betenden Frauenzimmern und Bratvogel selbst, seinerzeit Theologiestudent. Bratvogel schließt die Augen vor Scham. Die heimliche Freude, die ihn vor Jahren an des dämonischen Alten letzter Stätte überkam – kommt er, um sich dafür zu rächen? Wie ausgelöscht lag der Kaplan damals in seinem Leichentuch. So tot, wie er jetzt putzmunter in Bratvogels Stube hängt. »Mein Gott«, entfährt es dem Pfarrer.

»Was heißt hier mein Gott?«, knurrt es aus der Ecke.

Bratvogel kann nicht antworten vor Angst. Er schaut wieder auf den Tisch, nimmt den Locher und hat vor, einfach weiterzumachen wie bisher. Doch erneut hebt die Gestalt die Stimme. Knarzend: »Was macht er denn da?«

»Nix«, presst Bratvogel alsbald aus knotigen Stimmritzen hervor. »Is' nur für Silvester.«

»Keine Abendmesse heute?«, will das Antlitz wissen.

Bratvogel lügt: »Dies' Jahr nicht.« Doch schon wallt der Schweiß seinen Nacken hinab.

Er hält nämlich seit Jahren keine Silvestermesse mehr. Wozu auch, war er doch stets der Einzige, der da immer in der kalten Kirche stand, fünf Stufen rauf, hinter seinem Altar, nie ohne Süffelfläschchen, um sich Mut anzutrinken für die große Neujahrspredigt. Und weiter, wenn die Raketen knallten, bis zum Morgengrauen. Aus Verzagtheit! Und auch aus Langeweile. Bis vor einigen Jahren, dann war Schluss.

»Apropos feiern«, schaltet sich der Kaplan wieder ein, »den Messwein hat er auch schon offen?« Interessiert beugt er sich ein Stück am Kreuze vor. »Aber was ist denn das? Was sehe ich? Das ist ja –«

»Neiiiiin!«

Bratvogel kreischt, packt den halbleeren Cognacschwenker und reißt ihn an seine Brust. »Nur … Mischung …«, stammelt er, »mal probiert … weil doch heut Abend …«

Zu spät. Schon heult der Kaplan wie tausend Kreissägen: »Cola-Rum! Cola-Rum! Cola-Rum!« Er hört gar nicht mehr auf.

Bratvogel steht kurz davor, sich auf seiner Eckbank völlig aufzugeben. Worte formen sich in seinem Mund, wollen über die Lippen, aber der Kaplan ist wieder schneller. »Jetzt fehlt ja nur noch Herta«, käckert's dreckig aus der Ecke.

»Herta?«, kiekst Bratvogel. Der Kaplan schiebt ein paar Mal die Lenden vor und zurück. Bratvogel wird schlecht.

Herta. Röhrenjeans, Lederjacke, Arschgeweih. Stimmt. Sie macht sich immer nett zurecht und ist sogar noch recht adrett, wenn sie sonntags in aller Frühe aus der Disko kommt und ihren Rausch in der vordersten Kirchbank ausschläft, bevor sie sich heim zu den Eltern traut. Insgesamt brave Leut'. Nicht dass Bratvogel – Frauen, ach was! Das interessiert den Pfarrer doch heute nicht mehr. Da haben sich doch genügend Gelegenheiten geboten! Nein, heute zählt das Gotteslob, und woher will ausgerechnet der Kaplan wissen – »Ja, ich bin im Bilde«, raunzt der, »pirschst dich ja nicht erst seit gestern ran, an das arme schlafende Kind!« Triumphierend dann: »Wieso hast du denn keine Pfarrfrau mehr?«

Bratvogel, presst die Augen zusammen, reckt ein Kreuz aus zitternden Zeigefingern gen Eck, quiekend jetzt: »Ich will mein kleines Licht nur in den Dienst Gottes stellen!«

Der Kaplan aber unterbricht ihn, plötzlich mit Roboterstimme: »Gott ist tot. Ich war da, ich muss es wissen.« So was Ähnliches hatte sich Bratvogel schon länger gedacht.

Gedankenfetzen jagen durch sein Hirn. Dann sackt irgendetwas in der Bauchgegend ab. Im freigewordenen Hohlraum zwischen Herz und Blase spielen sich jetzt flaue Dinge ab. Bratvogel denkt an zu Hause. An den Hof und die Mutter. Und an den Ball, seinen einzigen Freund. Mit elf Jahren die erste Gotteserscheinung. Weil schon damals nie einer mit ihm spielte, so wie jetzt niemand mit ihm feiert, und da war ihm eben fad. Einfach mal so erzählte er zu Haus nach einem einsamen, mit dem Ball verspielten Nachmittag, dass Gott ihm in einer Buche am Ortsrand erschienen sei. Nahezu sofort registrierte er eine Veränderung in den Gesichtern der Eltern. Er hätte sich aber auch täuschen können, weshalb er zur Probe bald die nächste Erscheinung erfand. Die Maria in der kleinen Feldkapelle, sagte er, habe vor ihm geweint. »Blut?«, fragte die Mutter. Bratvogel nickte. Da sackte die Mutter vor ihm auf die Knie und Bratvogel sah, dass es gut war.

Schon ab der zehnten Klasse hatte er selbst zwar jedes Interesse an Gotteserscheinungen verloren. Aber jetzt war es schon die halbe Verwandtschaft, die auf seine Berufung pochte. Und Bratvogel, er wollte ja etwas Besonderes sein. Jemand, zu dem man aufschaut, wie zum Kaplan. Es folgten: Theologiestudium, Kloster, Priesterweihe. Alles unter dem argwöhnischen Blick des Kaplans, der ihn für ein Nichts auf Füßen, einen gefallsüchtigen Lump und weit Schlimmeres hielt, nicht ganz zu Unrecht übrigens. Denn Bratvogel bemühte sich zwar. Aber mehr als an Gott glaubte er an seinen Aufstieg – der sich im Lauf der Jahre jedoch immer mehr als Abstieg erwies.

Während nämlich andere in Bratvogels Alter auf Stadlfesten besoffen besoffene Mädchen schwängerten, Filialleiter bei der Raiffeisenbank wurden und roséfarbene Einfamilienhäuser im Toskana-Stil bauten, wartete er nur auf den Messwein und auf »Frauen« mit Bart. (»Allen hast du den Rock gehoben!«, bellt der Kaplan von seinem Kreuz.)

Groß waren die Erwartungen der Dorfgemeinschaft, als den Kaplan eines Tags der Lungenkrebs dahinraffte und Bratvogel in seiner Nachfolge dessen Hobby, die Heimatpfarre, übernahm. (»Deine Ministranten trugen Chucks!«) Erst kamen die Bauern noch zur Messe, sämtliche, immer. Doch irgendwann blieben sie aus. Bratvogel fielen einfach keine Geschichten mehr ein. Er war innerlich leer oder vielleicht von Natur aus einfältig. Vor allem aber offenbarte sich ihm, trotz aller Anstrengung, kein Gott. Und so fand er keine Worte, die die Hoffnungslosen hören wollten. Ein ums andere Mal wiederholte er seine alten Märchen. Und irrte sich immer öfter in Details. Mal war's die Buche am Ortsrand, in der ihm Gott erschienen sei, mal die Eiche, bald die Tanne. Aber mit Lügen allein ist keine Kirche zu machen! Vielleicht, oder ganz bestimmt sogar, fiel Bratvogels Karriere aber auch nur in die falsche Zeit. Home-Entertainment wurde für die Menschen zunehmend wichtiger als Absolution, und bald predigte Bratvogel nur mehr vor den immer gleichen fünf Gesichtern. Den Rest der Gemeinde sah er bloß, wenn er zur letzten Salbung in die Bauernstuben kam. Die Halbtoten zwischen den riesigen Plasmabildschirmen, sie konnten sich nicht wehren (»Getötet hast du sie mit deinen Operetten!«).

Nach und nach stellte Bratvogel die Abendmessen ein. Dann alle anderen, bis auf Sonntag. Den verbrachte er in den letzten Jahren immer öfter Liebesromane lesend. Ansonsten hatte das Leben zu bieten: Bildbände von fernen Karibikstränden, wechselnde Modegetränke, sofern er davon über Herta erfuhr, Weihnachtsfeiern mit anderen Patern und – jetzt stutzt Bratvogel. Moment mal, der Kaplan – war er, der sich ein ganzes Leben lang nicht einmal das bisschen Zerstreuung gegönnt, stattdessen tagein tagaus nur zornig gepredigt hatte, besessen von einem Gott, den es nun also überhaupt nicht gab, war er, der ehrfürchtige Kaplan, nicht ungleich schlechter dran als er, Bratvogel, der nur als Pfarrer versagte, aber sich wenigstens nicht für irgendeinen Aberglauben aufgab? Bratvogel lächelt ein bisschen, als er die Kreatur mit solcherlei Gedanken beschäftigt am Kreuze erblickt. Doch auch der Kaplan, er lächelt, nein, er kichert bös: »Ich habe den Menschen Hoffnung gegeben! Von mir werden Spuren bleiben. Du hingegen wolltest nur groß werden und jetzt bist du ganz klein!« Mit Daumen und Zeigefinger zeigt der Kaplan wie klein – nur eine Idee sind seine Fingerspitzen voneinander entfernt.

Die Worte des Kaplans hallen in Bratvogels Kopf. Spuren? Nein, Spuren hinterlässt er keine. Leben? Nein, dies ist kein Leben. Er wollte nur Pfarrer werden, um irgendwas zu bedeuten in dieser Welt. Und jetzt bekommt er die Rechnung serviert: Kein Herrgott, keine Herta. Und mit einem Mal, wie so oft, wenn sich das Dilemma eines ganzen Lebens zu einem einzigen klaren Augenblick verdichtet, wird Bratvogel ganz ruhig.

Er steht von der Eckbank auf, geht wie ferngesteuert zum Küchenschrank, holt den Strohrum aus dem Geschirrfach, einen Strick und seine einzige Silvesterrakete dazu. Ganz langsam gießt er den Hochprozentigen über seinen Konfettihaufen. Nimmt ein Streichholz und – Feurio! Im Schein der züngelnden Flammen dreht sich Bratvogel zum Kaplan. Der, leicht nervös jetzt, ruckelt an den Fesseln seiner Handgelenke, stottert: »Was …?« Bratvogel, entschlossen, wenn auch sehr, sehr müde, hebt das Kruzifix aus seiner Verankerung und schnallt es mit dem Strick auf die Silvesterrakete. Der Kaplan protestiert und rast, er windet sich wie ein Wurm an seinem Kreuz, doch Bratvogel, schweigend, schleift ihn in den Flur und hinaus ins Freie.

Draußen, am schwarzen Himmel, explodieren vom Dorf her schon die ersten Farben. Eine Weile sieht Bratvogel ihnen ungerührt nach. Dann nimmt er wieder die Streichhölzer zur Hand, zündet die Rakete und schießt die Kreatur samt Kreuz ins All. Der Schweif des Geschosses leuchtet weit übers Land. Der Kaplan fährt gen Himmel, Bratvogel bleibt auf Erden zurück. »Hoch kommen immer die anderen«, schnaubt er schwach. Und als er sich umdreht und das Dorf und sein brennendes Pfarrhaus für immer verlässt, denkt er an einen

Ball, der über einen Karibikstrand hüpft, und bemerkt so selbst gar nicht, wie er über das Wasser in den Pfützen geht.

Luise Boege ▸ Ratgeber für einen Afrikareisenden

Am 4. Dezember sprach er auf einer Feier lang in die Gestalt eines Mädchens hinein, Wetter, Insekten, ein Witz, der ihm kam, sie lachte, er legte den Arm um sie, sie küssten, und er nahm sie im Taxi mit, nach Hause. Schon während der Fahrt fiel ihm ein, dass er eigentlich andere Sorgen hatte, die Miete, die Jobs, das war hier kaum der richtige Zeitpunkt dafür, er wurde einsilbig und starrte, die Stirn runzelnd, vor sich hin. Ihr schien das nichts auszumachen, der Abend endete halt still, das hieß ja an sich nichts Schlechtes. Am 5. Dezember musste sie früh gehen, er verbrachte den Vormittag am Schreibtisch, die Füße in Pantoffeln, kühle Dezembersonne im Gesicht, arbeitete, trank und verschüttete Kaffee, überflog einen Absatz in einem Buch, das sie scheinbar gestern bei ihm abgelegt, vergessen hatte und von dem er sich versprach, mehr über sie zu erfahren. *Auf den Bus ist kein Verlass. Es bleibt Ihnen keine Zeit, den Busfahrer zur Genüge kennen zu lernen. Man weiß also nicht, was er im Schilde führt.* Das Buch hieß *Ratgeber für Afrikareisende*, es roch stark nach Kuhmist. *Deshalb ist es hier praktisch, eine Fähre zu benutzen. Eine Fahrt auf einem See tut bei der Hitze gut. Tipp: Ein Hütchen hilft bei Ausflügen aller Art gegen den Sonnenstich. Aus Stoff lässt es sich, zusammengefaltet, in der Hosentasche verstauen. Bei Bedarf sollten Sie es rasch hervorziehen, bevor das Unglück eintritt.* Er klappte das Buch zu, ohne einen Schluss gezogen zu haben, was seine neue Freundin betraf, vermutlich hatte sie den Plan, Afrika zu bereisen, vielleicht war es auch gar nicht ihr Buch, jedenfalls roch sie, soweit er sich erinnern konnte, nicht nach Kuhmist. *Auf dem See verkehrt eine große Fähre, sie hat genug Platz für alle. Eine mittelgroße Fähre wäre für alle zu klein. Die mittelgroße Fähre ist aber auch schon gesunken.* Das Buch lag im Folgenden in seinem Arbeits- und Schlafzimmer herum, er hatte keine Zeit zum Lesen oder für seine neue Freundin, einer seiner Jobs bestand im Verfassen einiger Texte über *Die Schlingen im Kopf*, humorvoll, aber auch wissenschaftlich, vor den Feiertagen sollte alles fertig sein, von der Kohle mussten Dinge bezahlt werden, die bereits gekauft waren, der Plasmabildschirm, die himmelblauen Cowboystiefel, die fünfzig weißen Lilien. Am 11. Dezember war er dann völlig erschöpft, wenn er kurz die Augen schloss, bildete er sich ein zu fallen, er gewöhnte sich an, seine Schritte mitzuzählen, ohne über das Warum nachzudenken, einfach nur zählen, auf die Spitzen der himmelblauen Stiefel starrend, wie ineffizient der Mensch beim Gehen ist, dachte er. Am 13. Dezember schließlich passierte, dass er ins Leere stieg, er hatte noch eine Stufe erwartet und stolperte. *Die mittelgroße Fähre hatte Schlagseite nach Steuerbord. Die Leute sind alle nach Backbord gerannt. Das hatte Ihnen jemand empfohlen. Es war unvernünftig, dieser Empfehlung zu folgen. Klüger wäre gewesen, behutsam vorzugehen. Die Fähre ist durchgekentert.* Burnout, ist halt kein Wunder, sagte seine neue Freundin am 13. Dezember, wieso tust du nicht mal etwas, das Spaß macht. Sie reichte ihre Hand und half ihm hoch, das hätte, fand er, eigentlich vermieden werden müssen, aber er mochte ihre Art sehr, sie roch nach Südfrüchten, auch nach Desinfektionsmittel, er wollte sich auf sie einlassen, er sehnte sich nach einem Mädchen, mit dem man über Burnout reden konnte und all das. Am 14. Dezember nahm er sich Zeit, er wählte Viktoriabarsch, sie Seeteufel, später tranken sie Champagner im Bett und sprachen leise über Dinge, die nur sie beide etwas angingen, ein gelungener Abend. Nachts träumte er vom Viktoriabarsch in seinem Bauch, wie von Jonathan im Bauch des Wals, nur halt umgekehrt, und im Zimmer lagen die himmelblauen Cowboystiefel herum und streckten anklagend ihre angestoßenen Spitzen in die Richtung des Bettes. *Alle sind ertrunken.* Der Ratgeber mit dem Schiffsunglück und anderen Katastrophen lag irgendwo neben einer unbezahlten Rechnung, am 15. Dezember fiel sein Blick darauf, als er, wild pfeifend, im Zimmer umhersah, in Not, nach Einfällen für seine Texte über *Die Schlingen im Kopf* stochernd, er verlor den Faden und kickte das Buch unter das Bett. *Seitdem hängen Wasserleichen auf Dorffesten herum. Um sie zu vertreiben, soll man pfeifen.* Am 18. Dezember plötzlich schlief er während der Tagesschau ein, als wäre er ein alter Mann, sank in die Polster, schlief auf dem Sofa, neben seiner neuen Freundin, vor dem Plasmabildschirm, mit seltsam abgeknickten Handgelenken, die an den Tagen danach schmerzen würden, ein Schmerz, der von den Gelenken aus in die Finger pochte, was beim Tippen von *Die Schlingen im Kopf* sehr störte. Am 19. Dezember wachte er gegen drei Uhr vor dem Plasmabildschirm auf, weil laut eine Stimme sprach, erhaben über vielstimmiges Murmeln und Rauschen, in salbungsvollem Ton, aber höhnisch, über ihn hinweg sprach, das verwirrte ihn, zuerst glaubte er, es hätte etwas mit ihm zu tun, gleich aber erkannte er, es handelte sich bloß um den Fernseher, und er schaltete stumm. *Es empfiehlt sich, gegebenenfalls eine Schwimmweste mit sich zu führen. Eine Schwimmweste bewahrt eventuell vor dem Ertrinken. Nicht aber vor anderen Unannehmlichkeiten.* Seine neue Freundin schlief neben ihm, ihr Haar roch nach Südfrüchten, ihr Atem nach Desinfektionsmittel, eine Nilreise unternehmen, dachte er, warum nicht, Sonne, Cocktails und Tipps gegen die Tiere. Er wachte wieder auf, weil sie ihren Ellenbogen in seine Rippen drückte, das war so eine lästige Angewohnheit von ihr, wenn er wegrutschte, rutschen sie und der spitze Ellenbogen hinterher, er wusste nicht, was das zu bedeuten hatte, aber jeder hat sein Päckchen zu tragen, und andere Frauen schnarchen. *Sie sollten sich also hüten, in den See hinein zu fallen. Man weiß nicht, was einen dort erwartet.* Auf dem Plasmabildschirm übrigens schnippelten kleine schwarze Kinder Obst, manierlich, rasch, lautlos, da waren kleine Kinderhändchen, hier Obstwürfelhaufen, die Kinder blickten bläulich und emsig in die Kamera und schnippelten, ohne auf ihre Finger zu sehen, dann kam etwas, das mit grünen Balkonen und Schneematsch zu tun hatte. *Gefahr im Wasser und an Land geht von den Tieren aus.* Seine neue Freundin klappte die Augendeckel auf und blickte mit kleinen, hellen Fernsehecken statt Pupillen, sodass er nicht sehen konnte, was sie ansah, sie schaltete den Fernseher aus, lass uns ins Bett gehen, sagte sie. Im Bett sehnte er sich, ihren Ellenbogen in seiner Milz oder Leber oder weiß der Teufel, nach geschnittener, kühler Ananas, er dachte an die Texte über *Die Schlingen im Kopf*, die noch zu schreiben waren, und fand keinen Schlaf. *Reptilien kommen in allen Lebensbereichen vor. Geckos und Eidechsen leben in den Häusern der Menschen. Nachts werfen sie Schatten an die Wände.* Am 24. Dezember, vormittags, rutschte ihm der Quark aus der Hand und platzte auf den Supermarktfliesen. *Leguane, Warane, Schlangen und Krokodile hingegen leben in den Gewässern.* Seine neue Freundin sah weg und gähnte, es ging heftig zu am 24. Dezember vormittags im Supermarkt, die Menschen husteten und schoben Buggys durch die Gänge, die Kinder darin ließen allerhand mitgehen, Würstchenketten, Gummibärchen und Schokoladennikoläuse, alles schoben sie sich unter ihre warmen Hintern, vielleicht nur Einbildung. In der Nacht hatte er Hand an die letzten Zeilen des letzten Textes über *Die Schlingen im Kopf* gelegt. Auf dem Rückweg Stille, über ihren Köpfen ein Schwarm Krähen, so gingen sie, die Hecken knackten weihnachtlich, gingen, ihre Einkaufsbeutel in die Kälte schlenkernd, Oliven, Kerzen, Rotwein, Käse, Schokolade, Weißwein, Würste, Brot, Lametta, Kondome, Hühnchen, für die Feiertage, so nebeneinander her, seine neue Freundin und er, ab und zu berührten sich ihre Arme, vor ihren Mündern stand weißer Dampf. *Termitenhügel prägen die Landschaft. Aber: Termiten sind keine Reptilien!* Beim Kühlschrankeinräumen fragte seine neue Freundin ihn nach seinem schlimmsten Geheimnis, und er erzählte, wie er als Kind seinen Großvater tot im Zimmer liegend angetroffen hatte, leise wieder hinausgegangen war, es keinem gesagt hatte, bis jetzt nicht, dass er schon längst gewusst hatte, dass der Großvater tot war, bevor die anderen ihn fanden, aber das war in echt höchstens sein zweitschlimmstes Geheimnis. Seine Freundin schien zufrieden damit, sie pfiff ein Weihnachtslied. Später entdeckte er im Kühlschrank mehrere flache Plastikschalen mit geschnittenem Obst, jemand hatte sie in einer Ecke des Kühlschranks ordentlich gestapelt, und er klappte die Kühlschranktür zu und wieder auf, aber das Obst war immer noch da, und er konnte sich nicht erinnern, Obst in Plastikschalen eingekauft zu haben. Seine neue Freundin lachte vorsichtig, als er, bleich, sie darauf ansprach, sie nahm ihm die Schale aus der Hand, begutachtete sie, und konnte die Frage nach der Herkunft des afrikanischen Obstes nicht beantworten, sah ihm vom einen ins andere Auge, ins eine Auge und dann wieder ins andere, das ist Papaya, erklärte sie ihm, und Ananas, Kiwi und Banane, na und? *Hüten sollte man sich also vor allen Tieren. Vor den sehr großen, den großen, den mittelgroßen, vor den kleinen und den sehr kleinen. Sie leben überall.* Später nachmittags eine Anti-Aids-Kampagne im Fernsehen, ein Benefizkonzert, die Nummer eines Spendenkontos, er erwischte sich dabei, wie er die Zahlen murmelte und sich einzuprägen versuchte. *Hüten sollte man sich vor Parasiten und Viren.* Leider war der Ton kaputt, oder es war nicht herauszufinden, wie er, einmal ausgeschaltet, nun wieder anging. Seine neue Freundin schmückte eine kleine Aloe-Vera-Pflanze mit Lametta, dann ging sie daran, das Hühnchen vorzubereiten. Er räumte das Schlaf- und Arbeitszimmer auf, unter dem Bett fand er das Buch und die unbezahlte Rechnung, beides legte er auf den Schreibtisch, dann rückte er einen Stuhl vor das offene Fenster, er sah lange hinaus, vor sich hin, in die Dämmerung, den Flugzeugen hinterher, ab und zu steckte er sich einen Obstwürfel in den Mund, dazu benutzte er kleine Gäbelchen aus neonfarbenem, durchsichtigem Plastik, die in einer eigens dafür angebrachten Plastikschlaufe im Deckel des Schälchens steckten, das Obst war unreif, von der Säure brannte ihm die Zunge. *Hüten sollte man sich vor un-*

sichtbaren Krebsen im Trinkwasser, sie sind unsichtbar. Man sieht sie nicht. In den unsichtbaren Krebsen leben unsichtbare Larven. Im Magen wachsen durchsichtige Würmer heran. Er schlief, den Kopf in den Nacken gerollt, ein, als er aufwachte, war es dann endlich dunkel, das Hühnchen duftete, sein Hirn schmorte vom Schlaf. *Der Wurm wächst weiter, er frisst sich durch die Magenwand. Er wandert durch den Körper. Im Körper frisst er hier und da herum.* Am 28. Dezember begann er wieder mit der Arbeit, er schrieb jetzt Sprüche für eine Glückskeksfirma, sie zahlten ihm sieben Euro pro Spruch, er hatte sich ausgerechnet, dass er zehn bis fünfzehn in einer Stunde schaffen musste, um ein gutes Geschäft zu machen. *Der Wurm ist weiß. Es wird angenommen, dass er böse ist. Es wird angenommen, dass alle Parasiten böse sind.* Am 31. Dezember wachte er auf, es dämmerte noch nicht, mir ist zum Sterben, dachte er sich und erschrak. *Das Weibchen wird bis zu fünf Metern lang.* Aber alle fühlen sich zum Kotzen, beruhigte er sich immer, die ganze Zeit, vor allem ja zum Jahresende hin, dachte er, wie soll man sich da gut fühlen, morgen ist dann das neue Jahr, da fängt es wieder an mit dem Sterben, dachte er. Der Gedanke ans Sterben war ein sehr himmelblauer und runder Gedanke, so schlief er wieder und träumte wirr von irgendwelchen Löchern, die im Raum auf- und zu- und aufklappen, im Raum und in den Flächen, die da sind, Löcher, die aufklappen oder zu, und einfach nur da sind, einfach nur nichts sind, nichts, nicht einmal mehr Löcher. Das Nichts sich vorzustellen gelang ihm mit Leichtigkeit, er staunte und freute sich, und stellte sich wieder und wieder das Nichts vor, ganz ohne Ränder, das kann keiner, dachte er, und wachte auf und versuchte es gleich wieder, aber er war nicht mehr dazu in der Lage, das Nichts bestand nun aus einer schwarzen Scheibe, an der man vorbeigucken konnte. *Nicht ganz klar ist, was mit dem Körper geschieht, den der Wurm auffrisst. Ob der Körper irgendwann ganz ausgehöhlt dasteht oder ob der Wurm ihn wieder auffüllt, gewissermaßen umwandelt?* Und ihm war elend, er zählte leise auf, was er in sich hatte an Essen, vielleicht hatte er auch nur Hunger, versuchte er sich zu beruhigen, er nahm den Ellenbogen seiner neuen Freundin behutsam aus seinen Rippen, schlief noch einmal ein und träumte, jemand klopfte an die Tür, mit harten, dumpfen Schlägen, aber das war in Wirklichkeit sein eigenes Herz. *Der Wurm kriecht durch den ganzen Körper in den Fuß, dort kommt er heraus und legt seine Eier in einer Blase ab. Die Blase wiederum platzt im Wasser.* Was ist mit dir, fragte seine neue Freundin, als beide endgültig aufgewacht waren, am 31. Dezember, vormittags, als es ganz hell war im Zimmer, einzelne, dicke Regentropfen gegen das Fenster schlugen und er sich krümmte. *Die Eier des Wurmes werden ins Trinkwasser abgegeben. Sie siedeln sich in unsichtbaren Krebsen an. Man nennt das dann einen Kreislauf.* Nichts, sagte er, sich aufrichtend, sicherlich nichts Schlimmes, sagte er sich beim Zähneputzen, Burnout-Syndrom, Jahresende, ausgelöscht, sagte er lächelnd zu seiner neuen Freundin. *Tipp: Jedes Kind weiß: Schweigen heilt. Sie sollten also über ihre Reisekrankheiten lieber nicht sprechen. So bewahren Sie auch Ihre Liebsten vor Ansteckung.* Er biss in die Ecke eines Brotes, dabei aus dem Fenster starrend, wie in einen Bildschirm hinein, fette, bleigraue Wolken, die nichts bedeuteten, schwammen hin und her, das Brot war hart, es krachte. Das ist ein altes Brot, sagte seine neue Freundin sanft, soll ich Brötchen holen gehen? Er kaute nickend, schluckte hastig, der Bissen schmerzte im Hals. Seine neue Freundin verließ die Wohnung, fröhlich knallte die Türe, er atmete auf und schlug das Brot zornig gegen den Tisch, sodass Brotkrümel umherstoben, er dachte, dass sein Bedürfnis gar nicht Hunger, sondern Durst war, dass ihm sicher gleich besser werden würde, wenn er etwas trank, also trank er mit zurückgelegtem Kopf die Milch aus dem Kühlschrank leer, und aus dem Hahn trank er warmes Wasser hinterher, es schmeckte nach Metall. *Tipp: Ein kleiner Petroleumkocher und eine Flasche Petroleum ermöglichen es Ihnen, Ihr Trinkwasser jederzeit abzukochen. Bei Regen sollten Sie sich dazu unterstellen. Es genügt als Behälter auch eine leere Konservendose. Zur Not fragen Sie einen Einheimischen danach.* Seine Füße waren kalt und krümelig vom Küchenboden, in ihm rumorten Brot, Milch und Wasser, er schlüpfte in die Pantoffeln, fegte laut die Sachen vom Tisch, das Brot polterte in Panik hinab und zersprang, er war bestürzt von dem Chaos. Ich gehe spazieren, sagte er zu seiner neuen Freundin, die mit einer Tüte Brötchen und der Zeitung unter dem Arm wiederkam, in der Tür stehen blieb und ihm hinterher rief, die himmelblauen Cowboystiefel in die Luft haltend, willst du nicht lieber die hier anziehen? *Wenn der Wurm am Fuß angelangt ist, können Sie ihn zu fassen kriegen.* Draußen war ihm gleich besser, die kalte, klare Luft, die Menschen sahen kalt aus und klar, manche murmelten tröstliche, klare Worte, die Krähen saßen kalt herum und Autos fuhren, um alles hatte jemand eine schwarze Linie gezogen, er zählte seine Schritte und atmete zwei Schritte ein, drei Schritte aus, das scharfe

Geräusch seiner Absätze auf dem Asphalt, Atmen, drei Schritte ein, vier Schritte aus. *Es gilt, nicht den Kopf zu verlieren. Den Kopf verliert man leicht, wenn man den Wurm erblickt. So, wie man leicht den Kopf verliert, wenn man sieht, wie der Zahnarzt einem die eigenen, langen Nerven aus der Wurzel zieht.* Am 1. Januar dann, ganz am Anfang des jungfräulich neuen Jahres, stand er mit seiner neuen Freundin auf einer Brücke und küsste sie, Wolke von Früchten, Desinfektionsmittel, sie umschlangen sich, spähten eine Weile im Himmel umher, bis die Augen brannten, und gingen dann nach Hause. Er sah alles im Negativ, so hell war das Feuerwerk gewesen, und das war dann das neue Jahr mit all den sterbenden Menschen darin. Er hob ein Stöckchen vom Boden auf, rollte es zwischen den Fingern und steckte es schließlich in seine Tasche. Zuhause schlief er einen kurzen Schlaf, trotz des Lärmes da draußen, seine Freundin saß auf der Bettkante, hielt seine Hand und pfiff, da träumte er auch, nichts Besonderes, nur bunte Muster träumte er, wie wenn jemand mit den Fingern gegen seine Augäpfel drückte, Muster, die sich vereinigten und platzten. *Man muss also auf den Wurm warten, und ihm dann fest entgegenblicken.* Dann, später, nahm er den Ellenbogen seiner neuen Freundin aus seinen Rippen, er schlüpfte in die Pantoffeln, trat ans Fenster und überlegte, ob er den Kopf verlieren würde, ihm war elend. Er schloss sich im Bad ein, setzte sich auf die Klobrille, zog die Füße aus den Pantoffeln und betrachtete sie. *Wenn der Wurm aus dem Fuß kriecht, müssen Sie ihn packen und auf ein Stöckchen wickeln,* er rollte das Stöckchen zwischen den Fingern, *wenn der Wurm kommt,* würde er den Wurm auf das Stöckchen wickeln, *dabei ist darauf zu achten, dass der Wurm nicht reißt,* jeden Tag, *behutsam,* zehn Zentimeter des Wurmes auf das Stöckchen wickeln, *andernfalls muss der Rest operativ entfernt werden,* bis der Wurm ganz draußen ist, *man kann ihn austrocknen lassen und wie eine Trophäe in eine Vitrine legen,* er saß und wartete, in der Wohnung begann seine neue Freundin den Tag, er sah auf seine Füße, *es kann einige Wochen dauern,* er rief seiner neuen Freundin beruhigende Worte zu, sie sollte nicht wissen, was mit ihm war.

Moritz von Uslar ▸ And Action

Es waren die Tage, an denen es abends noch mal anders heiß wurde, schwüler, drückender, heftiger, es ging kein Lüftchen, und man musste einfach noch mal raus und unter Menschen gehen, um dieses Angebot, den gekippten Tag, die Gegenzeit, Zeit also, die nicht vom Leben abgezogen wurde, sondern dazukam, so weit die Hoffnung, mitzunehmen.

Also mal wieder bisschen rumstehen, dieses Mal in dem Raum, der halb unter Dach und halb im Freien lag und in den die Leute zum Stehen, Wippen, Drinks-Trinken, Dänischen-Stockfisch-Essen und zum Brabra-Blabla-Haha-Lala-Aha-Labern gekommen waren und vor dem neben den Autos der Nachtlebenmenschen ein gelber Pick-up-Truck mit der Aufschrift »Wrangler« geparkt hatte – er trat von hinten an sie heran, bekam, um ihre Hüfte greifend, ihr Handgelenk zu fassen und zog gleich ihren ganzen Arm nach oben, so dass ihr Arm auf seiner Brust, ihre Hand auf seinem Hals zu liegen kam und durch ihr eines Bein, das, lang, braun, glatt, fohlenartig, gut klapprig, nun einen Schritt nach vorne tun musste, vom Stoff ihres Chiffonkleides zu den Riemchensandalen hinunter ein supersüßes Frauen-mit-zu-langen-Beinen-Beben ging. Und so sprach er ihr, den Mund an ihren goldenen Haaren, die folgenden Sätze ins Ohr hinein:

»Jetzt hör mal zu, du dumme Sau, du hast hier lang genug herumgestanden und den totalen Scheiß erzählt. Damit ist jetzt Schluss. Du kommst jetzt mit mir und an meine Seite und wirst meine Freundin, und zwar für mindestens acht Jahre.«

Und sie sprach: »Mensch! Das ist ja toll. So schön habe ich das ja überhaupt noch nicht gehört, da mache ich mit, da bin ich dabei, das ist ja wohl der Start einer voll tollen Romanze!«

Und sie tranken aus. Und standen herum, nicht ganz anders, als sie zuvor herumgestanden hatten, denn Händchenhalten oder so was wäre jetzt ja wohl ein Witz gewesen. Und sie laberten hier und da noch ein bisschen hin und schämten sich und freuten sich, ganz normal, weil sie plötzlich so voll verknallt ineinander waren und das mit dem Sex, vielleicht schon heute Abend, jetzt bald kommen musste, und holten sich neue Drinks, zum Anstoßen, besseren Rumstehen und besseren Rumlabern, sie knickte zwei, drei Mal noch in ihren Supermodelbeinen ein, was ihr jedes Mal ein kleines Herzklopfen verursachte, und er verschränkte, vielleicht einen Tick zu eitel, seine Hände in seinem Nacken, Brando-artig, so dass die Schweißflecken in den Achselhöhlen seines Hemdes zu sehen waren. Gegen halb zwei kamen die Eingetragenen des Nachtlebens, die dafür sorgten, dass die Neuigkeit bis zum nächsten Morgen in den Nachtlokalen und Frühstückscafés der Stadt die Runde gemacht hatte.

Seit dieser warmen Juninacht waren Eric, Ende dreißig (Bauchansatz), und Gisela, Anfang dreißig (Bauchansatz, aber sexy), ein Liebespaar, von dem es hieß, dass es für länger sei und er sie bald, wohl noch im Herbst dieses Jahres, heiraten würde.

Auftritt Sandor, sein Partner, der seit gefühlten zehn Jahren dabei war, wenn Eric abends noch mal vor die Tür ging: »Gisela? Ich meine, ist das nicht eventuell ein sehr behinderter Name? Für eine Frau? Vielleicht ist das ja doch eher so eine Mannfrau. Deine Gisela.« Antwort Eric, er hielt sich den Drink vor die Augen und betrachtete durch das Glas hindurch die wippende, trinkende, labernde Menge: »Ich seh's natürlich anders. Ich finde das jetzt natürlich den schönsten Namen der Welt.« Und Partner Sandor trank seinen Drink für einen Moment lang dann woanders weiter.

Juli, August, September. So weit alles okay.

Der neue Fiat 500, aber bitte in Dunkelrot, war das Auto der Saison. In der Kurstraße gegenüber dem Auswärtigen Amt hatten sie eine ganze Reihe sensationell eleganter englischer Townhouses gebaut. In Lokalen wurden Menschen immer noch gefragt, ob sie Wasser lieber mit oder ohne Kohlensäure haben wollten: gerne mit. In Runden gab's öfter Missverständnisse, weil alle denselben Handyklingelton ausgewählt hatten: Bin das ich? Nein, glaube, ich. Moment? Nein, doch du. Mann, das nervt ja! Wann schaffen wir unsere Handys endlich alle ab? Ja, nie. Ach so, ja. Schade. Also, nie. Die Agentur Nowadays. Die Zeitschrift *032c*. Die Galerie Contemporary Fine Arts. Ich nehme das Filet mit dem ganzen Kopfsalat. Danke. Im »Grill« feierte Mario Testino.

Das Paar arbeitete hart, und zum Wochenende ging es auf Luxushoteltouren, zum Geldverbrennen, Ausschlafen, sich bedienen lassen. Zum Vögeln kam es abends oft nicht mehr; dafür klappte es damit gleich nach dem Aufwachen ganz gut. Im Grandhotel Kempinski Heiligendamm an der Ostsee hatte es sich in der Hitze der morgendlichen Vögeltouren ergeben, dass er, ihren Rücken unter sich, aus ihr heraus und in das knapp darüber liegende Loch hineingefahren war und so, in dieser für sie beide neuen Stellung, bis zum Höhepunkt auf ihr herumgeschuftet hatte. Überrascht und slightly abgeturnt war er davon gewesen, auf welche stille, kühle, unheimlich pragmatische Art sie sich dabei ihre Momente der Lust bei ihm regelrecht abgeholt hatte.

Im Bademantel, eine Zigarette in der Hand, hatte er sich daraufhin im Badezimmer aus dem Topf ihrer Kaviaraugencreme bedient, was sie ihm selbstverständlich sofort ansah. Lächelnd, vom Bett, in dem sie ihren Bademantel trug, stellte sie ihm die Frage, ob er sich die Morgenzigarette nicht verkneifen könne. Und: Ob er ihr das nicht vorher sagen könne, wenn er ihre Augencreme so toll fände. Er sagte: Ey, logisch. Ey, spinnst du? Klar. Auf der Rückfahrt waren sie sich darüber einig geworden, dass das Hotel Heiligendamm der böse Ort schlechthin sei, weil seine Architektur, der gefakte Klassizismus, der Marmor und die weißen Flächen noch reiner, glatter, kälter und gemeiner waren als die Dummheit und der Materialismus seiner bösesten Gäste.

Sonntags, an einem Spielplatz vorbeistreifend, hatte Eric dann mit einer Öko-Maus, die da auf einer Decke lag und die Zeitung las, eine superabsurde Brüllszene. Die Öko-Madam hatte den Plastikball eines wohl fünfjährigen Jungen einkassiert, weil sie sich gestört gefühlt habe von seinem Fußballspiel, und alles freundliche, im höchsten Maße erwachsene und zivilisierte Bitten und Flehen des Jungen, ihm den Ball doch bitte wieder zurückzugeben, hatte die Öko-Ziege nicht gerührt. Eric setzte kurz entschlossen über den Zaun hinüber, sprang zur Decke und entriss der staunenden Öko-Braut den Ball. Das wortlose Um-Fassung-Ringen der Öko-Ballerina konterte Eric mit den Worten: »Du hältst die Fresse! Du hältst jetzt einfach mal die Fresse, sonst fliegst du hier raus!« Als sie, ihre Decke zusammenklaubend, ehrlich erschrocken und mit englischem Akzent sprechend, fragte, ob man so in Deutschland mit einander umginge, antwortete Eric: »Keine Ahnung. Aber so spreche ich mit dir.« Der Polizei, mit der die Stinkkuh, Englisch-Akzentige, ihres Zeichens Theaterkritikerin der *New York Times*, an den Spielplatz zurückkehrte und dort den Beschuldigten, ein Beruhigungszigarettchen rauchend, vorfand, erklärte Eric, dass er selbstverständlich bereit sei, sich bei der zu entschuldigen, da er sich unmöglich aufgeführt habe.

Derweil hatte Gisela Erlebnisse der ihr eigenen Art. In einer engen Straße hatte sie sich, in ihrem Kleinwagen den Weg von der Reinigung zurückfahrend, mit einem ihr entgegenkommenden Kleinlaster verkeilt. Kein Vor und kein Zurück, beide die Hände auf der Hupe, der Lastwagenfahrer, der das Kräftemessen mit einer schönen, sich in Auflösung befindenden Frau genoss, grinste. Gisela, die das Auffahren des Lasters als sexuelle Nötigung empfunden und in dem Lastwagenfahrer den höhnisch lachenden Penismann schlechthin, vor dem ihre Mutter sie immer gewarnt hatte, erkannt hatte, war innerhalb weniger Sekunden den Weg von der zunächst künstlichen zur körperlich sie ganz und gar erfassenden Aufregung gegangen, worauf sie nichts anderes zu tun wusste, als auf ihrem Handy die Nummer 110 der Polizei zu wählen. Den Beamten am Telefon, hatte Gisela den Penismann exakt in dem Moment, in dem die Verbindung stand, als »Fotze! Fotze! Fotze!« beschimpft, was natürlich nicht der so Gescholtene, sondern der Polizeibeamte am Telefon hörte, worauf sie, Gisela, nun das Kunststück fertigbringen musste, dem Beamten am Telefon zu erklären, dass selbstverständlich nicht ihm, obwohl von ihr gerade als Fotze beschimpft, ihre wüsten Worte gegolten hatten, sondern einem Lastwagenfahrer, der mit seinem Kleinlaster versucht habe, sie von der Straße zu bumsen. Und während Gisela nun doch mehr sprechen musste, um über diesen wahrhaft abstrakten Vorgang am Telefon aufzuklären, hatte der Lastwagenfahrer, längst freundlich grüßend, mit einem herrlich schwungvollen Schlenker den Weg frei gemacht und war davongefahren.

Und der Alltag war nun vollends wieder da.

Wenn Eric und Gisela sich des Abends zur längst nicht mehr warmen und noch nicht gut kalten Jahreszeit, im Dezember, in der gemeinsamen Wohnung aufhielten, dann waren sie beide auf Socken. Und wenn sie den Salat wusch und er die Fernsehfernbedienung suchte, dann fiel ihnen natürlich ein, dass sie zu dieser Jahreszeit doch längst verheiratet sein wollten, aber es fehlte ihnen nichts, wie sollte ihnen auch was fehlen, und sie sprachen nicht davon, besser von der Salatsoße, die raffiniert war, und vom Fernseher, den sie abschaffen wollten, von ihrer Hochzeit, der noch ausstehenden, sprachen sie besser nicht. Ihrer Mutter sagte Gisela: »Es ist vielleicht anders, als du denkst. Es kommt vielleicht alles ganz anders.« Und die Mutter, die ihre Tochter, weil sie eine gute Mutter war, gleich, ob verheiratet oder unverheiratet, schlicht glücklich sehen wollte, schwieg jetzt besser klug. Seinen Kumpels sagte Eric: »Schaut doch raus – der schlimme Monat Dezember. Dann doch lieber im schönen Monat Mai.«

Es war am Abend des 27. Dezember, als in den Menschen der Hass, die Ungeduld, all die gemaßregelten und unterdrückten Lüste auf Jahreshöchststand pulsierten, weil sie, Menschen, die letzten drei Abende, also Heiligabend, den ersten und den zweiten Weihnachtstag, mit ihren Familien verbracht hatten.

Sie hatte alte Freundinnen, ein todlangweiliges Volk, in ihrem Heimatdorf Niederoberrieddach im Hessischen getroffen, war früh, trotzdem angetrunken und ehrlich angekotzt vom Gewäsch der mäßig wohlhabenden, mäßig lustigen, mäßig unzufriedenen Hausfrauen, die Polohemden mit Perlohrringen trugen, zu Bett gegangen. Er hatte eine Filmpremiere besucht, früh am Abend eine 20-Miligramm-Filmtablette Cialis eingeworfen und, nachdem er »In dich bin ich ja schon immer verliebt!« und sie »Verrückt, dasselbe wollte ich dir gerade auch sagen!« gerufen hatte, gegen vier Uhr früh mit einem Steinpenis, der bis zum nächsten Morgen hielt, die Hauptdarstellerin gefickt.

Wieder daheim, gegen 18 Uhr des 28. Dezember in der gemeinsamen Wohnung, hatte es nach der überschwänglichen Begrüßung, in der sie sich küssend gegenseitig an den Ohren festhielten, nur drei Momente gebraucht, bis es zum finalen Knall kam.

Es waren also noch drei Abende bis zur feierlichen Silvesterrunde im Grill Royal. Er trat zu ihr hin und hieb ihr mit dem vollen Schwung seines ausgestreckten Armes die Kehrseite seiner rechten Hand ins Gesicht. Es erwischte sie voll. Sie schrie, aber nicht übertrieben laut, taumelte zwei Schritte nach hinten, schlug mit dem Hinterkopf an die Wand und stand schon wieder aufrecht da. Mit der rechten Hand griff sie nach der Wohnzimmerstehlampe, um die maximale Schwungkraft aus ihrem Körper herauszuholen, riss das rechte Bein hoch und traf ihn mit dem Fußballen exakt zwischen den Augen. Er stürzte zu Boden, saß da, Blut schoss ihm aus der Nase. Er sagte jetzt, kopfschüttelnd, den nicht weiter hellen Halbsatz: »And Action«, ging ins Bad und hielt seinen Kopf unter den Wasserhahn. Sie musste dann dummerweise noch umständlich ihren Haustürschlüssel suchen, sonst wäre sie noch schneller draußen gewesen und nie mehr wiedergekommen.

Das war der Abend, an dem Eric und Gisela aufhörten, ein glückliches Paar zu sein. War wohl besser so: Sie wusste, sie hatte was Besseres verdient. Er wusste, er konnte sich in fünf Minuten, drei oder fünf Mal pro Tag, wenn es denn nötig war, verlieben.

Beim feierlichen Silvesterdinner nahm Sandor seinen Partner Eric zur Seite und sprach: »Deine Gisela, was für eine kaputte Alte.« Und Eric antwortete, den Silvesterdrink, in dem das Eis in wundervoll silberfarbener Flüssigkeit auf und ab schwappte, vor seine Augen haltend: »Das siehst du nicht. Die war gut.«

Schon wieder war um ihn herum alles schwarz. Oder war es noch immer schwarz? Gar für immer?

Es war einer dieser Momente, in denen er nicht wusste, wo er war, warum er da war und was in den letzten Stunden passiert war. Aber irgendwas war passiert.

Paul tastet nach seiner Uhr. Sie ist nicht an seinem Handgelenk. Das überrascht ihn nicht besonders, aber irgendwie in Griffweite sollte sie dennoch sein. Seine Hand stößt auf einen Nachttisch, tastet weiter und landet in einem vollen Aschenbecher. Erschöpft sinkt sein Kopf wieder ins Kissen. Erst mal orientieren, erst mal erinnern.

So langsam gewöhnen sich seine Augen an die Dunkelheit. Er befindet sich in einem Hotelzimmer, so viel steht fest. Der nächste Lichtschalter kann also nicht weit sein. Noch einmal tastet seine Hand und erfühlt ein Kabel, an dem sie sich nach oben arbeitet, bis sie schließlich einen Schalter findet. Das kleine Schirmlämpchen geht an und verursacht sogleich einen stechenden Schmerz in den Augen. Fucking hell.

Paul ist komplett nackt. Die Decke ist auf den Boden gerutscht, neben ihr liegen verstreut seine Klamotten. Er greift nach seinen Boxershorts. Sie sind nass. Genau wie sein T-Shirt, sein Pulli und seine Jeans.

Er schaltet den Fernseher ein. Eine plärrende Italienerin, aber keine Uhr. Er macht den Videotext an. 01. 01. 2002, 19:47. Und Paul ist wieder im Hier und Jetzt.

Viareggio. Er hat am zweiten Weihnachtsfeiertag spontan beschlossen, zu Silvester nach Viareggio zu fahren, ganz alleine. Er war vorletzten Sommer schon mal hier gewesen und hatte das Städtchen an der tyrrhenischen Küste ganz hübsch gefunden. Silvester am Meer, das klang nach einer prima Idee. Das Meer tat Paul immer gut. Wenn er glücklich war, machte ihn der Blick auf die Wellen noch glücklicher, und wenn es ihm beschissen ging, konnte er wenigstens richtig heulen.

Silvester war normalerweise ein stetes Grauen. Zuerst die immergleichen Versuche, sich dem Ganzen zu verweigern und zuhause mit Freunden zu betrinken, um später dann doch in einer Schlange vor einem überfüllten Club zu stehen oder auf einer miesen Privatparty zu landen, ständig umgeben von Menschen, die ihre eigene Wichtigkeit vor sich hertrugen wie schwangere Frauen ihren Bauch. Er verstand nicht, warum diesem Datum so viel beigemessen wurde. Er verstand erst recht nicht, warum die besoffenen Arschlöcher vor vier Jahren in Prag ihre Raketen nicht vertikal, sondern horizontal abgeschossen hatten. Eine davon ihm in den Rücken. Na ja, besser als ins Auge, dachte er in dem Moment. Da wusste er noch nicht, dass das mit dem Auge wenig später die Naziskins auf dem Wenzelsplatz mit einigen Faustschlägen erledigen sollten.

Paul hasste Silvester, weil es aus den meisten Menschen einen erbärmlichen Haufen Mist machte.

Ihm würde das nicht passieren, schon gar nicht in diesem Jahr. Er hatte noch drei Ecstasy-Pillen und etwas Koks, und sollte es selbst in Viareggio allzu silvestermäßig zugehen, konnte er sich wenigstens betäuben. Dass diese Logik einen Haken hatte, wusste er, aber es war ihm egal.

Er betäubte sich oft in letzter Zeit. Die Trennung von Tanja setzte ihm mehr zu, als er gedacht hatte. Eigentlich war die ganze Beziehung ein einziger Krieg gewesen, weswegen er das Ende zunächst eher als Erlösung denn als Verlust empfunden hatte. Doch dann schmerzte es, und er konnte nicht sagen, ob es deswegen schmerzte, weil Tanja ihn wegen eines Anderen verlassen hatte oder weil all die Verletzungen, die sie ihm in den zwei Jahren zugefügt und die er nur notdürftig oder gar nicht verarztet hatte, nun alle endlich zu ihrem eitrigen Ausbruch kamen. So war es eigentlich immer gewesen. Er konnte sich an keine Beziehung erinnern, in die er nicht alles an Gefühlen reingebuttert und sich komplett selbst aufgegeben hatte, um sein Mädchen glücklich zu machen – nur, um am Ende eine gewaltige Backpfeife dafür zu ernten.

Ein frauenfreies Silvester erschien ihm folglich als guter Plan, zumal in Italien, einem Land, in das er schon immer gern gereist war und wo ihn auch keine Sau kannte. Das war in Deutschland anders, denn Paul hatte es dort zu einer gewissen Prominenz gebracht. Er liebte seinen Job, aber er hasste den Verlust seiner Privatsphäre. Jeder durfte ihn anquatschen, über ihn schreiben, ihn beurteilen, ihn besitzen, denn er war jetzt öffentlich. Dafür war er nicht gemacht, er hatte mit Lob, Sympathiebekundungen und Komplimenten noch nie umgehen können. Umso mehr nahm er sich Kritik, Beschimpfungen oder Spott zu Herzen. Seine Freunde hatten ihm geraten, zu einem Psychodoktor zu gehen und mit dem eine Strategie zu entwickeln, um mit den Belastungen klarzukommen. Aber was sollte der ihm schon groß raten? Also Augen zu und durch, im Job wie in der Beziehung. In letzter Zeit waren die Zeichen einer nahenden Kapitulation allerdings sehr deutlich geworden. Immer, wenn Paul flog, hoffte er auf einen Absturz. Es würde verhältnismäßig schnell gehen, vermutlich würde es auch gar nicht weiter wehtun, und das Beste war, dass er selbst noch nicht mal was dafür könnte. Er musste also keinen lästigen Abschiedsbrief schreiben, schließlich wäre es ja kein Selbstmord, sondern ein Unglücksfall, noch dazu mit Himmelspanorama. Was Schöneres konnte einem als letzter Anblick überhaupt nicht passieren. Außer das Meer natürlich. Insofern wäre ein Absturz über dem Meer geradezu ideal.

Paul schaltet den Fernseher aus. So langsam setzt sich in seinem Kopf der gestrige Tag wieder zusammen, der letzte des Jahres. Am Nachmittag war er in eine kleine Bar gegangen. Italienische Opas guckten dort Wiederholungen von Spielen der Serie A. Für etwas Fußballfachsimpelei reichten Pauls Italienischkenntnisse vollends aus, und so entwickelte sich ein netter kleiner Plausch, und zwischendurch immer mal wieder ein Espresso oder ein Grappa. Danach spazierte er beschwingt am Strand entlang zurück zum Hotel, um sich fürs große Silvesterdinner fertig zu machen. Es war gar nicht so einfach gewesen, einen Tisch zu ergattern, denn die geschäftstüchtigen italienischen Wirte zierten sich, Tische, an denen mindestens zwei Leute sitzen und damit abkassiert werden konnten, an Einzelne zu vergeben. Schon gar nicht an einzelne Männer, denn wer in Italien an Silvester als Mann alleine essen geht, ist entweder schwul oder irre oder beides. Das Essen war dann aber prima, besonders die gegrillte Dorade. Und der Wein. Und natürlich der Grappa.

Paul steht auf und schlurft ins Bad. Ihm ist schlecht, aber Kotzen geht irgendwie nicht. Er betrachtet sich im Spiegel. Seine Augen sind gerötet, offenbar hat er vergessen, die Kontaktlinsen rauszunehmen. Entsprechend deutlich sieht er jetzt die weißen Krümel auf der Ablage unterhalb des Spiegels. Paul muss würgen. Er dreht sich um und starrt auf seine nassen Klamotten. Wo sind eigentlich seine Schuhe? Und sein Walkman? Und die verdammte Uhr?

Als es ihm einfällt, wird ihm schwindelig, er muss sich auf den Boden setzen. Nach dem Essen war er noch mal zurück ins Hotel gegangen, um das restliche Koks zu ziehen. Er hatte die Pillen eingesteckt und war zum Strand gegangen. Er erinnert sich, wie gut ihm sein Mixtape gefiel, das er beim Blick aufs tiefschwarze Wasser hörte. »Molltechno« hatte er es genannt, es passte ganz hervorragend in diese Nacht und wurde immer noch besser, je stärker die Pillen wirkten. Er weinte und wünschte sich, seine Tränen würden sich mit dem Meerwasser vermengen. Er zog erst seine Schuhe aus, dann seine Jacke, dann nahm er die Uhr und die Kopfhörer ab und lief los. Es war wie in einem dieser Flugzeugmomente, das Rauschen der Brandung klang noch schöner als die Musik, alles fühlte sich gut und richtig an, er war schon bis zu den Schultern im Wasser, ihm war gar nicht kalt, und das Schwarz glänzte so einladend. Doch dann sah er sie, diese bescheuerte Rakete, die jemand in den Nachthimmel schickte.

Nein. Nicht an Silvester. Sonst dachten die Leute am Ende noch, dass auch er nur ein erbärmlicher Haufen Mist gewesen war in dieser Nacht.

Hans Nieswandt ▸ Countdown: Musik zum Ende des Jahres

Silvester ist erstaunlicherweise ein Thema, das Texter und Komponisten von jeher eher wenig zu inspirieren scheint. Es gibt kaum ausgesprochene Silvester-Hits, jedenfalls von der Sorte, die sich inhaltlich explizit diesem Ereignis widmen. Anders als, sagen wir, auf den Gebieten Christmas oder Karneval gibt es keinen sich jährlich wiederholenden Silvestermusik-Terror im Radio, keine jährlich lancierten neuen Hit-Versuche mit Variationen zu diesem Thema. Im Handel erhältliche Silvester-Compilations sind im Grunde Karneval-Compilations ohne Karnevalshits, aber mit allem anderen Schmonzes. Also Village People, Boney M, Tom Jones und Stefan Raab.

Die wenigen Beispiele für thematreue Silvesterstücke überleben sich oft recht schnell, weil sie gern ihr Entstehungsjahr benennen und sich somit für folgende Jahre disqualifizieren. Trotzdem ist es eigentlich eine schöne Geste, die sich zur Historisierung bekennt und mit der sich oft ein ziemlich surrealer, heiterer Effekt erzielen lässt.

Eingeschliffen haben sich gewisse Gewohnheitsstücke, Schlag-Mitternacht-Traditions-Tracks, aber über diese herrscht kein gesellschaftliches Einvernehmen. Die meisten Leute feiern Silvester milieuspezifisch. Das heißt: Die richtige Musik zur Silvesterparty ist immer genau die, die ein bestimmtes Publikum sowieso schon das ganze Jahr über favorisiert, nur noch einen Zacken populistischer. Das gilt für jedes Genre und jede Gemeinschaft. Entsprechend gibt es Reggae-Silvester, Gothic-Silvester, Techno-Silvester und natürlich auch Volksmusik-Silvester.

Der folgende, endgültige Countdown beschäftigt sich fast nur mit den wenigen eigens für Silvester gemachten Stücken, die mir nach langem, langem Grübeln eingefallen sind – dazu noch ein paar Empfehlungen des Hauses.

10. ABBA – »Happy New Year«

»Es ist das Ende einer Dekade/keiner kann wissen/wie es in zehn Jahren sein wird/wenn es dann heißt: 1989.« So oder so ähnlich geht der Text. Ansonsten könnte man einen witzigen, bestimmt gut kickenden Breakbeat-Bootleg aus diesem überaus familienfreundlichen Evergreen basteln. Er ist nicht die schlimmste Schnulze aller Zeiten und besitzt unbestreitbaren Bratapfelcharme – etwas für die Oma und die Enkel. Im Club würde ich aber auf jeden Fall nur den Bootleg spielen. Wenn es ihn denn gäbe.

9. Prince – »1999«

Je weiter dieses Lied zurückliegt, desto lächerlicher erscheint einem die Ultimativität, die dem größten Silvester aller Zeiten damals zugedacht wurde. Feiern, als wäre es die Party 99 auf 00, ist nicht nur für mich zu einem Synonym für absolutes Floppen geworden. Heute meint man damit eigentlich Feiern wie in den 80er Jahren, die neben den 70er Jahren auch die mit Abstand meisten Traditionstracks hervorgebracht haben. Zu rührend, wenn eine utopistische Vision ins Nostalgische kippt. Das aber macht dieses Werk zeitlos, anders als etwa Scooters oder Robbie Williams Machwerke zum Millennium. Bald werden sowieso alle vergessen haben, was dieses Wort überhaupt einmal bedeutet hat. Dann wird man sich ratlos fragen, was das eigentlich alles sollte.

8. Jovonn – »Back In The Dark«

»Like I once said: you smoke, you drink, and you do a whole lotta things.« Ein eher obskures und supersuperfettes Deep-House-Stück mit einem wunderbaren, geraunten Text, der vor allem von der Notwendigkeit handelt, dass dieser gewisse Herr Jovonn wieder ins Deep-House-Geschäft zurückkehrt und den wahren Underground-Vibe wieder belebt. Silvester-kompatibel wird das Stück zur Mitte hin, wenn er verkündet: »The future is ahead of you. That's right, it's on. Let's bring it back to the real underground. When underground was real deep. We're gonna bring it back into the nineties. 1999 is comin y'all, or shall I say it's here? The year 2000, watch out …« Offensichtlich stand bei der Aufnahmesession der Veröffentlichungstermin noch nicht fest, und dann fiel ihm auch noch ein, dass ja bald 2000 ist. Sehr sympathisch, dass sie das einfach so verpeilt gelassen haben.

7. U2 – »New Years Day«

Es gibt Leute, und es sind nicht wenige, die spielen das tatsächlich auf ihrer Silvesterparty. Es ist das Lied, das allen immer als erstes einfällt und dann korrekterweise auch genauso schnell wieder verworfen wird. Das Problem ist nicht die Thematik: Warum nicht an Silvester ein Lied mitgrölen, das einst der polnischen Gewerkschaft »Solidarność« gewidmet war? Das Problem ist die völlig übertriebene Dramatik, das Windmaschinen-Pathos – alles Dinge, die man sich fürs neue Jahr nicht unbedingt erhofft.

Tatsächlich ist Rock ein fruchtbares Feld für Silvesterkracher. »Hells Bells« von AC/DC gehört ebenso dazu wie »Celebration Day« von Led Zeppelin. Die Veranstaltungen, auf denen »Final Countdown« von Europe gespielt wird, kann man sich ebenso vorstellen wie diejenigen, bei denen um Mitternacht »It's The End of The World As We Know It« von REM läuft. Oder gar »Break On Through To The Other Side« von The Doors.

6. Dan Hartman – »Instant Replay«

Ein immer wieder gern genommener Silvesterklassiker, nicht zuletzt wegen seines ausführlichen, bei zehn beginnenden Countdowns – vom DJ gut getimet, kann die stark übertriebene Disco-Hysterie um Punkt Mitternacht direkt losgehen (wenn nicht gerade alle vor die Tür gerannt sind, um das Feuerwerk anzuhimmeln). Danach direkt ein Klassiker von Sylvester – »You Make Me Feel Mighty Real«. Bei dieser Art Hochgeschwindigkeitsdisco kommen die Leute aber sehr schnell aus der Puste. Dann schaltet man einfach einen Gang herunter und spielt sichere Nummern wie »Celebrate« von Kool & The Gang, »Stomp« von Brothers Johnson oder »Let's Groove« von Earth, Wind & Fire – Silvester ist nicht zuletzt die Nacht der abgedroschensten, kindischsten, zum Teil aber auch besten Disco-Classics aller Zeiten. Und das wird auch noch in hundert Jahren so sein.

5. Johann Strauß (Sohn) – »An der schönen blauen Donau«

Denn schließlich läuft auch dieser Track seit hundert Jahren an Silvester – wenn auch eher in der Philharmonie als in der Disco. Ich empfehle die Version von Esquivel, dem Space-Age-Cocktail-Lounge-Exotiker aus Mexico. Das ist dann auch kein Walzer, sondern eher Mambo.

Obwohl die beiden nicht verwandt sind, gibt es eine seltsame Verbindung von Johann Strauß zu Richard Strauss über den Film »2001 – A Space Odyssee« von Stanley Kubrick. Richard Strauss' »Also sprach Zarathustra« eignet sich bestens zur Eröffnung eines bombastischen Silvester-Hardtrance-Sets. Je nach Bundesland kann man auf dem zweiten Plattenspieler noch »Die Internationale« parallel laufen lassen – ebenfalls ein Lied mit großer, milieubezogener Silvestertradition.

4. Eins, Zwo – »Frohes Neues«

Auch einer der derbsten Reimer Deutschlands, Dendemann, hat einst mit DJ Rabauke ein echtes Silvesterlied gemacht, mit Countdown und allen Schikanen. Punkten kann man damit allerdings nur in HipHop-Kreisen – der Reibeisenflow sägt das Ding zwar unbezwingbar nach vorne, mitsingen kann man das allerdings nicht. Und verstehen auch nur, wenn man sich mächtig konzentriert.

3. The Zombies – »This Will Be Our Year«

Ein Toplied für Leute, die gerade eine neue Beziehung begonnen haben. Streng genommen muss dabei der Junge eine Enttäuschung hinter sich haben, über die ihn das Mädchen hinweggetröstet hat – aber so genau muss man das nicht nehmen. Hauptsache, man wird vor dem 31. 12. ein richtiges Paar, damit man sagen kann: Es wird unser Jahr.

2. Otis Redding & Carla Thomas – »New Years Resolution«

Ein unkitschiges, im Leben stehendes Silvester-Soulstück mit starkem Aufforderungscharakter, ein schöner, motivierender Track für Beziehungen, die schon eine Zeit auf dem Buckel haben: »Honey, ich verspreche, ich werde es nicht wieder tun.« – »Baby, ich bin eine Frau, und auch Frauen machen Fehler.« Wir raufen uns schon wieder zusammen. Denn wir brauchen uns doch. Silvester kann ganz schön ernst sein.

1. The Friends Of Distinction – »Up Up And Away«

»In my beautiful, my beautiful balloooon …« Das spiel ich persönlich sehr gerne, nicht nur an Silvester, sondern auch am Ende von Nächten. Es hat eher etwas Verabschiedendes, eben Wegfliegendes, aber dennoch so optimistisch wie sehnsüchtig nach vorne Schauendes – »We will fly, we will fly!« Das tollste Silvestermaterial kommt offensichtlich aus dem Sektor Soul, denn im Soul ist Wahrheit.

Claudio Gutteck ▸ Die Zeit zwischen den Jahren: Hat sie in der Postmoderne noch eine Chance?

Irgendwo zwischen Weihnachten und Silvester: So matt ist er, so grau erscheint ihm alles, dass er gar nicht genau weiß, welches der beiden Feste nun eigentlich vor ihm liegt.

Was ein vermaledeites Jahr, denkt Desiderius und lächelt grimmig.

Begonnen hatte es gleich damit, dass sein Hund, ein Bernhardiner namens Wuschel, in der Neujahrsnacht plötzlich umgekippt und einem Böllerschuss erlegen war. Bereits im Jahr zuvor war seine Frau in einen – Stopp! Desiderius wollte ja nicht mehr jammern. Nein, kein Lamento mehr. Auch kein Momento mal. Sondern machen! machen! machen! ohne Gejammer und mit Demut – das war die Parole! Das war es, was er sich noch kurz vor Schluss des vergangenen Jahres vorgenommen und auch notiert hatte in einem mit »Curriculum Vitae« beschrifteten Heft. Sehr entschieden hatte er daraufhin mit sich selbst angestoßen und sich im Rausch in bengalischen Farben ausgemalt, wie er durch seinen großen Vorsatz das noch größere Schicksal übertrumpfen würde. Doch dann kam auch ziemlich bald der Böllerschuss. Stocknüchtern stand er da, erschreckt. Der Hund dagegen lag bereits.

Aber Desiderius hatte die Zähne zusammengebissen. Das musste er auch. Denn er, der sich stets als »poetische Existenz« empfunden hatte, als »zum Schauen geboren«, er fühlte nun, da Frau und Hund keine Kränze mehr um ihn flochten, zum ersten Mal im Leben seine Verantwortung, fühlte, dass er, er ganz allein, wirklich etwas tun musste. Den Kummer darüber versuchte er in seinem Heft mit der Zeile zu fassen: »Zwischen den Jahren, in ehrlosem Alltag, muss er zusehen, der Herr Poet – doch weh! Wie läßt er die Lider gram hängen!«

Mitte Januar dann war in Desiderius Hitze aufgestiegen. Eine Wut fast, die es allen zeigen wollte. Er bäumte sich auf und wirbelte die Fäuste durch die Luft, wie die Frau und der Bernhardiner es auch oft getan hatten. Dann setzte er sich und schrieb mit gebleckten Zähnen *die* Bewerbung seines Lebens. Als einzige Referenzquelle seiner Kernkompetenzen gab er den Hund, den Wuschel, an. Dadurch hoffte er, noch den reserviertesten seiner Adressaten im Innersten anzusprechen, denn das Wuschelige, so Desiderius' Kalkül, es wohnte in allen Menschen.

Hatte er sich verrechnet? Desiderius wartete und lauerte. Wartete und lauerte so, wie die Frau und der Bernhardiner es auch oft getan hatten. Kopfschüttelnd vermerkte er bald: »Zwischen den Jahren sitzt sinnend der Mensch und weiß nicht worüber.«

Der milde Winter ging gerade in einen strengen Frühling über, als plötzlich ein Blatt in seinem Briefkasten lag – ein neongrüner Flyer von der Poststelle einer Immobilienfirma, man expandiere weltweit und suche »Verstärkung«.

Desiderius dachte nur: Machen! Nicht jammern!

Man wies ihm eine Box mit Tür und Fenster zu, in der sich, außer bergeweise Post, eine Frankiermaschine, ein Computer sowie zwei große Metalltonnen befanden. »Glückwunsch!«, begrüßte ihn der Postchef, der sich, wohl ohne es zu merken, andauernd mit »Keine Zeit!« unterbrach und jeden duzte. »Die Entscheidung deines

Lebens! Weil: Die Post *ist* das Leben! Immer auf Zack, die beiden! Schlafen nie! Niemals, sag ich! Nie! Ad infinitif – ah, kein Abschluss? Egal, hier bei uns kommt auch nie was zum Abschluss! Hähähä!«

Desiderius' Tag hatte nun so ausgesehen: Vormittags Frankiermaschine. Alle drei Minuten wurde die Tür zu seiner Box hart aufgestoßen – aber nur einen Spalt weit, durch welchen hindurch Briefe oder Päckchen in eine der Tonnen befördert wurden. Diese Post musste Desiderius frankieren und in die andere Tonne weiterbefördern. Mechanisch notierte er: »Zwischen den Jahren steht frankierend der Mensch und singt keine Lieder.«

Als großer Tageshöhepunkt schob sich dann – rückwärts fahrend – immer ein Transportwagen in die schmale Einfahrt der Poststelle. Jeden Tag Punkt zwölf sah Desiderius die Riesenklappe des aufgeladenen Containers auf sich zufahren, während an der Seite, aus dem Führerhäuschen, ein nackter Ellenbogen herausspitzte. Der Wagen hielt, die Riesenklappe ging auf. Geräuschlos hob sich nun der vordere Teil des Containers so, dass hinten aus ihm etwas herausrutschte – Pakete, so gut hundert Stück. Währenddessen pflegte der Fahrer, im Führerhäuschen sitzend, etwas zu pfeifen, und Desiderius glaubte bald, den Refrain des Evergreens »Zwischen den Jahren, da hebt das Leben an!« zu erkennen. Dann senkte sich der Container wieder, Klappe zu, und der Wagen brauste – vorwärts fahrend – davon.

Desiderius' Aufgabe war es, die Pakete auf den Fluren des fünfstöckigen Bürogebäudes zu verteilen. »Zwischen Etagen«, seufzte er dabei, »zwischen Etagen tappt buckelnd der Mensch und kennt keine Brüder.«

Nachmittags gehörte der Platz an der Frankiermaschine wieder ihm. Anders war nur, dass die Boxentür nun jede Minute, wenn auch mit unverminderter Härte, aufgestoßen wurde. Einzig der Chef des Lagers zeigte sich hin und wieder auch leibhaftig. Immer entnahm er einer Schublade eine Tüte mit Weißbrot und setzte sich damit an den Computer, um, wie er sagte, »mal was nachzuschauen«. Nervös kauend, kaufte er bei »ebay« Rolex-Uhren, die er bei »ebay« weiterverkaufte.

So ging das tagein, tagaus.

Desiderius (eigentlich Desiderius-Noël-Tristan-Silvester Schulz) hatte immer öfter bemerkt, wie er über den Adressen der zu frankierenden Post ins Träumen gekommen war, bevor ihn das harte Aufstoßen der Boxentür wieder aufschrecken ließ. In sein Heft schrieb er ohne Beschönigung: »Zwischen den Jahren hat keine Ruh' nicht der Mensch – und findet sich selbst nicht mehr wieder!«

Nicht lange, da hatte Desiderius deutlicher zu fühlen begonnen, dass sich, bei aller Glätte der Oberfläche, bei aller Reibungslosigkeit des Ablaufs seiner Arbeit, ein Widerspruch auftat. Als einmal wieder hundert Pakete auf ihn zurutschten und dazu das »Zwischen den Jahren, da hebt das Leben an!« erklang, hielt er ihn auf einem Kuvert fest: »Zwischen raren Zeiten der Rast arbeite täglich ich schneller und mehr noch hinweg, jedoch meine Brust sich langsam zu füllen scheint – jedenfalls fühl' ich sie schwerer.«

Nachts wälzte Desiderius sich von einer Ecke in die andere und träumte von Gabelstaplern und Transportflugzeugen. Kam denn wirklich nichts zum Abschluss, wie der Postchef gesagt hatte? Niemals mehr? Kam also alles an und doch nicht? Wohin aber ging dann alles?

Auf virtuellen Förderbändern in ein irden' Nirgendwo? Ewig, ewig? Öfter schoben sich jetzt die Frau und der Bernhardiner in seine Träume – meist in einem Rollcontainer. Einmal nahmen sie den Träumenden mit zum Bahnhof, wo Desiderius zum ersten Mal ein altes Briefmarkengeschäft auffiel und in dessen Schaufenster dieses Buch: »Zwischen Idealisierung und Instrumentalisierung – die Welt im Spiegel der Postkarte«.

Desiderius versuchte nun tagsüber noch schneller, noch härter, noch mehr wegzuarbeiten, doch es half nichts. Er fühlte sein Herz voller werden, wenngleich er sich insgesamt leichter, ja papierener vorkam.

Zuerst erschien es Desiderius nur kurios, dass im Traum bald die Frau, bald der Hund anfingen, ihm kichernd in kleinen »Power-Point«-Präsentationen sein Herz im Querschnitt zu zeigen. In dessen Kammern gewahrte Desiderius Tickets nach Alaska, nach Bern (?), auf jeden Fall Bengalen! Bald auch eine Kiste mit Fernrohren, über deren Rand eine goldene Rolex-Uhr hing. Mit wachsender Beklemmnis sah er aber, dass sich dort schließlich auch mächtige Schwerter zeigten, zerfetzte Indianerinnenkleider sowie ein blutverklebter Knochen, dessen Anblick ihm, Desiderius, wie er beim Aufwachen bemerkte, wirkliche Tränen in die Augen getrieben hatte. Diese kniff er von nun an zusammen, wenn mittags die Pakete auf ihn zurutschten. Wie Särge kleiner Menschen auf ihn zurutschten! Und dazu dieses Gepfeife! Schließlich hielt er sich auch die Ohren zu. In sein Heft schrieb er mit gepresstem Atem: »Zwischen Momenten des Verschnaufs hüpft kaum noch das Herz in der toten Hülle – und doch geht's drunter und drüber!«

Desiderius wusste nicht wie, aber plötzlich hatte er

eine Idee: Bat er den Chef doch einfach um Urlaub! Es war dies etwas, das die Frau und der Bernhardinerwuschel wahrscheinlich nicht getan hätten (Desiderius schien unabhängiger, individueller, wenn auch virtueller geworden zu sein). Der Chef, eine Hand in der Weißbrottüte, die andere an der Maus, wendete den Blick nicht von den Rolex-Uhren und erwiderte kauend: »Wenn überhaupt, dann frühestens zwischen den Jahren. Aber erst nächstes Jahr!« Schließlich sei hier, das sehe Desiderius vielleicht, »Not am Mann« beziehungsweise »die Hölle los«. Und ob er, Desiderius, den Schlager »Mach mal erst, dann kannst du bald« kenne?

In einer vergraupelten Hochsommerstunde hatte dann das Schicksal eingegriffen: Desiderius verlor den Posten in der Box. Eine einfache Postkarte nach St. Bernhard hatte er geistesabwesend mit 48 Euro frankiert. Das war das eine. Als aber in dem Moment, in dem der Chef ihn mahnte: »die Rückerstattung erfolgt bitte unaufgefordert« – als just in diesem Moment die gesamte Post der letzten Woche zurückkam, weil Desiderius sie nicht ausreichend frankiert hatte, war er selbst es, den man wegschickte.

»Zwischen den Jahren, da fliegt schon auch mal der Mensch – und sehnt sich nach Wärme, nach Blüte und Flieder«, summte Desiderius, als er, in höchster Auflösung, die Poststelle hinter sich ließ. War denn er, Desiderius, »poetische Existenz«, »zum Schauen geboren«, war er überhaupt noch der »Held der Geschichte«, als den er sich heimlich doch immer empfunden hatte? – das fragte er sich jetzt allen Ernstes! Nur zehn Kilo hatte er in den letzten Wochen verloren, aber er fühlte sich, als wäre er praktisch Luft, als schwebe er *über* der Zeit. Was aber war dann mit der Zeit *zwischen* den Jahren, auf deren Genuss er so strebsam hingearbeitet hatte? Desiderius sah sich betrogen. Jäh bäumte er sich auf und wirbelte die Fäuste durch die Luft, wie die Frau und der Bernhardiner es auch oft getan hatten. Doch zeitigte dies erst einmal keine Wirkung. Es schneite nur ein bisschen.

So war Desiderius auf sein Zuhause zurückgeworfen, das ihm sehr fremd geworden war. Wie wurde ihm da nun erst! Er sah sich um. Auf dem Nachttisch etwa – was eine Bücherburg lastete auf dem kleinen Ding! Gehalten das Ganze durch gewichtige Biografien von Alexander dem Großen, Bismarck und Mao, gestützt durch den großformatigen Hochglanzband »Der Führer privat« und befestigt durch einen besonders üppigen Prachtband »Die größten Bengalischen Bernhardiner der Welt«. Wahrlich, ein Meisterwerk der Hin- und Her- und Aufschieberei! Eine Kunst, auf die sich die Menschen immer besser verstanden. Nur wer würde sich je wirklich dafür interessieren? Desiderius notierte: »Zwischen den Jahren will Berge versetzen der Mensch, doch kommt nur mehr noch dazu, ja dazwischen was wieder.« Er betrachtete die Bücherburg mit ihren größeren und kleineren Anbauten, betrachtete sie rundum, von allen Seiten. Ein Gefühl der wohligsten Sicherheit überkam ihn. Zugleich grauste es Desiderius vor sich selbst.

Sommer mischte sich mit frühlingshaftem Herbst. Seinen Biorhythmus, geschweige Schlaf fand Desiderius kaum noch. (»Auch zwischen den Tagen kehrt Frieden nicht wieder.«) Da las er manchmal einen Klappentext. Weil die Nachttischlampe aber keine Leselampe war und er sich nicht die Augen verderben wollte, guckte er öfter Guido Knopp – ganz wie die Frau und der Wuschel es auch oft getan hatten. Nicht selten trug es Desiderius dann mitten in der Nacht zum Königsplatz. Dort trat er vor eines der Flutlichter, welche die monumentalen Antike-Bauten anleuchteten, und besah geschmeichelt, wie sein übermächtiger Schatten mit eherner Klassik verschmolz. Nacht um ihn wich. Im Licht des Spots stand er wie ein Obelisk. Er legte den Kopf in den Nacken und malte sich aus, wie er mit neuem Vorsatz über das alte Schicksal triumphieren würde. Hallend rief er in die hellenische Helle: »Zwischen den Jahren fasst Mut auch der Mensch und strafft seine Glieder!«

Ja, Aufbruchstimmung!

Aber Desiderius, so federleicht er sich vorkam, sah sich nicht vom Fleck kommen. Wo es ihn auch hinwehte, ihm war, als komme er doch immer wieder bei der Post an.

Endzeitstimmung?

Desiderius bäumte sich auf, wirbelte mit den Fäusten – zwar ganz wie die Frau, zwar ganz wie der Bernhardiner, aber doch nur noch *pro forma*! Er geriet in eine Webdesign-Firma, doch das Versehen wurde bad bemerkt. Kurz darauf nahm ihn ein Event-Center. Dort wurde er Online-Uni-Redakteur. Oder Web-PR-Dozent? Auweia! Überall war ja – sogar in dem Event-Center – der Algorithmus der Tätigkeit für alle immergleich derselbe: Zahlen murmeln, Kopf schütteln, Adresse suchen, Vergleich anstellen, Keine Zeit! rufen, Copyandpaste drücken, Versendung regeln, kurzum: Zahlen, Kopf, Adresse, Vergleich, keine Zeit, Copyandpaste, Versendung … Verschieden war jeweils nur die Größe der Exzellenzcluster, die er hin- und herschieben beziehungsweise vor der Firma hertragen musste. Und spätabends, nach dem Job, sah er sich dabei zu, wie er weinend immer noch mehr dicke Bände die Treppe hoch in seine Wohnung schleppte. Den Wälzer »Napoleons Geheimnis« oder eine dreibändige Kaiser-Nero-Biografie im Schuber. Nur zuletzt – aber da hatte er fast gar keine Kraft mehr – kam er mit dem sehr dünnen Buch »Wer krabbelt denn da?«

Zum Teufel, was ein vermaledeites Jahr!, denkt Desiderius matt und lächelt grau.

Und aber das nächste jetzt? Oder ist das noch das vorige, nur eben eins später als im darauf folgenden zuvor?

Desiderius ist durcheinander. »Zwischen den Jahren«, schreibt er fahrig in sein mit »Curriculum Vitae« beschriftetes Heft – und stutzt. Momento mal! ruft er, um sich dann kleinlaut zu befragen: Gab es denn das überhaupt noch, dieses Zwischen-den-Jahren? Kam denn noch irgendwas zum Abschluss? War nicht übergangslos eins wie's andre? Ging's nicht auf virtuellen Förderbändern in ein irden' Nirgendwo? Ewig, ewig? Hatte nicht auch schon der Bernhardinerhund in diese Richtung klug gefragt?

Oh, ein dickes Lamento zieht sich hinter Desiderius' Stirn zusammen. Grell, doch unscharf schießt ihm durch den Kopf: Vergessne Jugend, Schmäh aufs Alter, nur ewig on, nie off, hepp ab die Post? – steht noch was fest, als dass die Zeit im Fluss ohn' Ufer und Logistik alles ist? – Post-Geschick totalglobal? – der Mensch, selbst manches packend, eingewickelt und geliefert? – Circus Vitae? –

Jenes Schmachtlied »Zwischen den Jahren, da hebt das Leben an!«, das erscheint Desiderius plötzlich veraltet, hoffnungslos veraltet.

Postmenschentum.

Postmenschentum?

Großer Gott, Postmenschentum!

Desiderius verdrückt eine Träne, während es draußen zu schneien und zu böllern anfängt. Schief beißt er die Zähne zusammen. Und lächelt wirr. Behend leckt er kurz an der Mine seines Stifts und schreibt: »Zwischen flockiger Sendungen Unzahl schwebt heulend im Wind die sendungsbewusste Flocke und lässt sich nicht nieder. Ist's aber wärmender Liebe *Halt* denn nicht, darein sich zu schicken sie doch wohl frohlockte – und postwendend selig hinschmölze?«

Bengalisches Licht von draußen herein war die Antwort.

Ich hätte spüren müssen, wie der Klang der Nacht sich verändert. Aber ich bin zu müde, will nach Hause. Dabei ist noch nicht einmal Mitternacht, das Jahr noch nicht zu Ende. Ich warte. Es hat wütend gehagelt, doch nun ist es ganz still, so als setze die Nacht einen Takt aus und halte inne. Als suche sie einen neuen Rhythmus für die nächsten Stunden, weil das auch für sie, die alles kennt, ganz schön viel wird: neues Jahr, neues Leben, ein bisschen Sterben.

Ich öffne die Autotür einen Spalt. Dampf zieht zu mir herein, darunter glänzt die Straße schwarz. Ich setze einen Fuß auf den Asphalt und atme ein. Mit dem dicken Bauch muß ich Schwung holen zum Aussteigen, wie eine alte Frau. Ich stoße die Tür auf. Ich habe nicht in den Rückspiegel geschaut, sonst hätte ich ihn gesehen, wie er den Hang heruntergerast kommt, ohne Licht am Fahrrad, aber doch sichtbar im Schein der Laternen. Meine Tür fängt ihn ab wie ein Torwart den Ball, als strecke das Auto sich nach ihm aus, als hätte ich nur auf ihn gewartet. Es knallt, das Rad schlittert über den Boden, er fliegt weit und landet auf den Händen. Ich springe auf, ziehe das Rad von der Straße, es ist ganz verbogen.

Er sitzt am Boden und reibt sich die Arme. Er hat eine Wunde an der Stirn, das Blut läuft ihm in die Augen und weiter den Hals runter, wie Tränen.

»Sie bluten.«

Er wischt sich mit dem Ärmel übers Gesicht. »Sie haben keine Augen im Kopf.«

»Und Sie kein Licht am Rad.«

»Wenn Sie nicht schwanger wären, könnten Sie was erleben.«

Ich hebe seine Mütze auf und gebe ihm die Hand. Er schaut mich an und nimmt sie. Als ich ihn hochziehe, schlägt es durch meinen Bauch. Mir bleibt der Atem weg. Ich muss die Augen zumachen, und da ist es wieder, die ganze Kugel wird knallhart. Ich gehe in die Hocke.

»Atmen«, sagt er, »nicht aufhören zu atmen.«

Ich beuge mich nach vorne, halte meine Knie und versuche so still wie möglich zu sein, damit das alles wieder aufhört.

»Sie gehören ins Krankenhaus.«

»Sie auch.«

»Im Ernst. Ich mach hier nicht den Geburtshelfer. Können Sie noch fahren?« Er schiebt mich auf den Beifahrersitz und setzt sich hinters Steuer. Der nächste Krampf schnürt mir alles ab, ich stöhne laut.

»Atmen hab ich gesagt.« Er fährt ruhig, wie auf einer Fahrt ins Blaue, trotzdem wird mir übel. Ich schließe die Augen und versuche mich zu konzentrieren. Einatmen, ausatmen, immer in Panik, dass sich gleich alles wieder zusammenzieht. Mir war noch nie so schlecht.

»Ich muss kotzen.«

»Augen auf und auf die Straße gucken.«

»Dann erst recht.«

Er hat noch nicht ganz angehalten, da mache ich schon die Tür auf und übergebe mich auf die Straße. Im gleichen Moment kommt eine Wehe und quetscht meinen Magen aus. Als es vorbei ist, hänge ich aus dem Auto und sauge frische Luft ein. Er ist ausgestiegen, zieht sich seinen Ärmel über die Hand und wischt mir damit den Mund ab. Dann zieht er den Pullover aus und rollt ihn zusammen. Nur im Hemd steht er da auf der Straße, es flattert ein bisschen um seinen schlaksigen Körper, kalt sieht das aus. Aus seiner Wunde läuft weiter das Blut. Er schiebt mich wieder auf den Sitz.

»Weiter geht's.«

»Ich möchte nicht, dass es schon kommt. Ist zu früh.«

»Muss es ja auch nicht. Das gibt es manchmal. Vorwehen. Der Körper übt.«

»Sind Sie Arzt?«

»Nein, nur Vater.«

»Ich wollte gar kein Kind.«

»Ich auch nicht. Aber das macht nichts, Sie werden sehen.«

Als wir am Krankenhaus ankommen, ist es noch schlimmer geworden. Er führt mich hinein und redet mit der Schwester an der Aufnahme. Ich stehe daneben und höre kein Wort. Sie legen mich auf eine Liege, stechen mir in den Arm, ziehen an mir herum, während ich zähle, so langsam ich kann, bis die Wehe vorbei ist. Vielleicht haben sie mir was gegeben, denn die nächste kommt nicht. Ich mache die Augen wieder auf. Er sitzt auf einem Hocker neben mir, immer noch blutverschmiert. Den Ellenbogen auf der Liege, Kopf in der Hand. Mit der anderen streicht er mein Laken glatt. Er fährt sich durch die kurzen Haare. Ich überlege, wie alt er wohl ist. Ein paar wenige graue Strähnen hat er, und dunkle Augen, die gleichzeitig weich und wach sind. Das gibt es selten.

»Kann ich jemanden anrufen?«

»Nein, danke.«

»Bestimmt nicht? Einen Mann dabeizuhaben ist manchmal gar nicht so verkehrt.«

»Dieser ist noch nicht so weit.«

»Kommt schon noch.« Er gähnt. »Geht es denn besser?«

»Ja, besser.«

»Dann fahre ich jetzt nach Hause, wenn Madame nichts dagegen hat.«

»Und wenn es noch kommt?«

»Also erstens kommt es nicht. Und wenn doch, dann können Sie mich natürlich anrufen.«

»Im Ernst?«

»Ja klar.« Er zeichnet mit der Hand durch den Raum, als präsentiere er sein Heim. »Ich hab ja sonst nichts zu tun. Silvester schon gar nicht. Nur wäre es nett, wenn Sie mich das nächste Mal, wenn Sie meine Dienste benötigen, vorher nicht fast umbringen.« Er dreht sich im Türrahmen um. »Das wäre doch ein guter Neujahrsvorsatz.«

»Müssen sie wirklich gehen?«

»Sonst komme ich in Erklärungsnot.«

»Sie sollten sich vorher die Wunde anschauen lassen. Oder wenigstens das Gesicht waschen. Man wird denken, ich hätte Sie geschlagen.«

Er lächelt und nickt. »Viel Glück noch, ja?« Es scheint, als ob er noch etwas sagen will. Dann ist er weg.

Der Schmerz kommt zurück und ich kämpfe. Bei jedem Schlag denke ich *Motherfucker* und halte dagegen. Die Schwester zwingt mich aufzustehen. Das hilft dem Wurm beim Runterdrücken, dabei ist es doch noch zu früh. Rumlaufen soll ich, also schleiche ich im Flur an der Wand lang, obwohl mir immer schlechter wird. Frische Luft will ich, nur ganz kurz frische Nachtluft. Draußen höre ich Geböller. Ich hocke mich an die Hecke, ins Dunkel. Ich kann nicht mehr. Ich will nicht mehr laufen. Und ich habe keine Ahnung, was jetzt kommt.

»Passt denn auf Sie keiner auf?« Da steht er wieder. Jetzt mit gewaschenem Gesicht und einem Pflaster an der Stirn.

»Ich sollte rumlaufen.«

»Warum sitzen Sie dann hier im Gebüsch?«

»Ich kann nicht mehr. Mir ist so warm.«

Er hilft mir auf. »Jetzt gehen wir eine Runde. Das ist wichtig.« Er nimmt mich am Ellbogen. »Los geht's.«

»Wollten Sie nicht nach Hause?«

»Doch. Stattdessen bin ich genäht worden.« Er zeigt an die Stirn.

»Das tut mir leid.«

»Trag ich als Erinnerung.«

In die Worte kommt ein Krampf, ich halte die Luft an, will mich sacken lassen.

»Wenn das hier was werden soll, müssen Sie auf mich hören«, sagt er. Mit sauberem Gesicht, mit den Wangenknochen, die sich deutlich abzeichnen, wirkt er richtig streng. »Sie dürfen nie, wirklich nie, aufhören zu atmen.«

Ich nicke, obwohl ich nicht hingehört habe.

»Das lernen wir als Kinder: den Atem abschnüren, wenn wir Angst haben. Wer nicht atmet, fühlt auch nicht, denken wir. Jetzt ist Schluss damit. Sie müssen beim Atem bleiben.«

Er zieht mich weiter, und weil er immer noch keinen Pullover hat, gehen wir zurück ins Haus. Bei der nächsten Wehe zieht es mir wieder die Füße weg, aber er hält mich, die ganze große Tonne, die ich bin, hält er, und ich traue mich nicht, die Luft anzuhalten. Ich erinnere mich, dass er ja eigentlich längst gehen wollte.

»Kriegen Sie jetzt meinetwegen Ärger?«

»Ein bisschen wahrscheinlich.«

»Sind Sie lang zusammen?«

»Ja.«

»Davor hab ich solche Angst. Dass man irgendwann richtig eingekerkert ist von Mann und Kind.«

Er überlegt. »Das ist aber nicht schlimm«, sagt er. »Ich könnte ja jeden Tag meine Sachen packen und gehen. Und wenn ich mich dann dafür entscheide, doch zu bleiben, weil ich diesen Tag noch nie mit meiner Familie erlebt habe, dann ist das schön.«

»Das funktioniert?«

»Ja, meistens schon.«

Eine Hebamme findet uns. Ob das Rumlaufen was gebracht hat, will sie wissen. Als ich mich auf das Bett lege, läuft das Wasser aus mir heraus. Es ist richtig viel Wasser, und ich kann es nicht zurückhalten. Er nimmt meine Hand.

»Na also«, sagt die Hebamme. »Jetzt tut sich was.« Sie zieht meine Hose aus und steckt ihre Hand in mich, so weit sie kann. »Ich drücke das mal ein bisschen auf.« Sie drückt, und es fühlt sich so an, als würde sie mich von innen aufbrechen. Ich schreie. Er hält meine Hand fester. Die Hebamme zeigt vier Finger. »So weit ist es schon offen«, sagt sie. »Jetzt weiter so.«

Als die Wehe kommt, bin ich so sauer, dass ich dagegen atme. Richtig feste dagegen. Er streicht mir über den Kopf. »Aufgeben«, sagt er. »Loslassen.«

»Aufgeben geht nicht.« Ich stöhne.

»Dagegen kommen Sie aber nicht an.«

»Klugscheißer.«

Ich lasse mich fallen. Ich kann auch gar nicht mehr anders. Die nächste Wehe reite ich wie eine Welle, ich lasse mich von ihr treiben, hin und her schleudern, und gebe dabei Laute von mir, die ich nie gehört habe. Als es vorüber ist, lacht er.

»Das ist gut. Sie haben Ihren Ton gefunden.«

Ich werde sauer. »Was sind Sie, Musiktherapeut? Ich versuche hier ein Kind zu kriegen, verdammte Axt.«

»Sie machen das gut.«

»Und Sie machen gar nichts.«

»Ich hole Ihnen jetzt erst mal was zu trinken.«

»Nicht gehen! Bitte nicht.« Ich könnte es nicht ertragen, dass er den Raum verlässt. Es wird nicht gehen ohne ihn, ich bin mir sicher.

»Dann klingeln wir nach einer Tasse Tee«, sagt er. »Aber bis zuletzt werde ich nicht bleiben. Meine Frau würde mir so einiges verzeihen. Das aber garantiert nie.«

Ich halte seine beiden Hände, als könnte ihn das zum Bleiben zwingen. »Sie brauchen mich dann gar nicht mehr. Sie werden den ersten Schrei Ihres Kindes hören. Dieser Ton bindet Sie ans Leben.«

Dann geht alles ganz schnell. Der Herzschlag des Wurms sinkt. Ich fange an zu heulen. Sie wollen ihn holen, sofort. Sie betäuben mich, ziehen mich aus für den OP. Sie tun so, als sei es nicht eilig, aber ich sehe die Hast in ihren Augen. Das hier ist Ernst, merke ich, er sieht es auch und legt seine Arme um mich.

»Mein Mann muss mit in den OP«, rufe ich. Er sitzt

an meinem Kopfende, vor uns eine grüne Stoffwand, und man rückt an mir herum. Es ist still, auch der Arzt redet leise. Ich spüre, wie sie mir den ganzen Bauch rausreißen, es zieht, dann gibt es nach, tut ein lautes Schmatzen. Wir warten auf den Schrei, doch er kommt nicht. Lange nicht. Bis wir ein leises Quaken hören. Zu leise klingt es.

»Der Kleine ist gesund, aber ein bisschen schwach«, sagt der Arzt. »Wir werden ihn erst mal anschauen.«

»Nein, wir werden ihn erst mal anschauen«, sagt mein Mann. Eine Schwester kommt zu uns herum und zeigt ihn uns, er ist in ein riesiges Handtuch gewickelt und ganz blau. Wie ein Schlumpf sieht er aus. Sie hält ihn mir hin und ich küsse ihn, weil ich glaube, das gehört sich für eine Mutter. Dann bringen sie ihn weg.

Sie fahren mich zurück ins Zimmer.

»Dem Kleinen wird es gut gehen«, sagt der, der gerade zum Vater wurde.

»Und wenn nicht?«

»Wenn nicht, bleibe ich.«

Er schiebt mich vorsichtig zur Seite und legt sich neben mich aufs Bett. Er zieht mich an sich, so nah es geht. Er legt seinen Mund in meinen Nacken und küsst mich da, wo die Haare anfangen. Ich drücke mich in seinen Arm, ich darf nicht schlafen, sonst verliere ich ihn. Die Müdigkeit hüllt mich ein wie ein Nebel.

»Erzählen Sie mir, wie er wird«, sage ich.

»Er wird ein großer, starker Junge, der seine Mutter über alles liebt, und ihre schönen Haselnussaugen hat.«

»Wird er gesund sein?« frage ich.

»Er wird groß und stark, hab ich doch gesagt.«

»Wie schön.« Meine Augen sind so unendlich schwer.

»Wie heißt er eigentlich?«

Ich flüstere ihm den Namen.

»Gute Wahl«, sagt er und hält mich fester. »So heiße ich auch.«

»Hm.« Meine Augen bleiben zu. Ich will ihn festhalten, aber ich merke, wie ich weggleite. Immer weiter. Ich kann nicht mehr. Ich muss ihn gehen lassen. Ich spüre noch einen Kuss, seinen schönen Mund auf meinen Lippen, die rauen Backen an meinen, seine Hände auf meinem Hals. Aber vielleicht war das schon im Traum.

Andreas Stichmann ▸ Bussardweg

Ich steige *Bussardweg* aus und sehe dem Bus nach, der auf der Landstraße zwischen den Schneefeldern verschwindet. Eingekeilt zwischen den Wäldern gibt sich die Welt hier keine große Mühe. An der Haltestelle hängen ein paar Dorfjugendliche rum und schmeißen Böller in meine Richtung.

Als ich auf den Hof zu trete, geht das Außenlicht an. Es ist unnötig zu klingeln, Charly hat den späten Gast schon gewittert und kratzt von innen an der Tür. Dann steht Elfrun im Rahmen. Alles an ihr ist müde, sie ist immer müde, aber wenn sie auch nicht wie Charly an mir hochspringt, lässt sie mich doch mit weicher, verschlafener Bewegung herein.

Depressive Menschen haben größere Verdauungsorgane, denke ich. Das ist meine Krankheit: Ich denke unangebrachte Sachen.

Ich ziehe meine Schuhe aus und nenne ihren Namen, Elfrun sieht mich schweigend an. Sie hat lange, weiße Haare und eine Warze über dem linken Mundwinkel, die ihr eine Art Würde verleiht. Die Küche ist mit Holzparkett ausgelegt, an der Wand hängt ein Kalender mit mythologischen Naturgedichten, bräunliches Obst liegt in einer Schale. Elfrun und Bob leben hier besser als die meisten. An der Decke hängt ein faszinierend ekliger Fliegenfänger. Auf dem Fensterbrett steht ein kleiner CD-Player, modernes Landleben. Elfrun kocht Kaffee und zeigt mir ihren Rücken, ich gehe hoch zu Bob. Er hat sein Zimmer oben, mit Blick auf die Felder. Dort stirbt er, schon seit ich denken kann. Ich wurde eingeschult, als er starb, und jetzt stirbt er noch immer.

»Hey Bob.«

Er liegt im Bett, bis oben hin zugedeckt wie ein Kind, und grinst mich an, als würde er auf eine Geschichte warten. Dabei ist er der Mann mit den Geschichten, Geschichten-Bob. Er hat noch mit Bill Haley zusammen gespielt. Er war Jahrmarktsboxer in Los Angeles, Kokaindealer und Fabrikarbeiter. Er war Saxophonist, Sportreporter, Mitglied einer Loge, Leichenwäscher, Hypnotiseur, Fakir, Tänzer und, wenn man das glauben kann, auch Astronaut. Aber das mit Bill Haley stimmt auf jeden Fall. Unter dem rechten Fuß hat er blaue Muster tätowiert, denn er hatte einmal ein Tattoo-Studio aufmachen wollen, sich eine Nadel gebastelt und an sich selbst ausprobiert. Solche Geschichten. Jetzt ist er achtundsiebzig und liegt grinsend im Bett.

»Wie geht's?«

Bob weigert sich immer, Deutsch zu sprechen. Von ihm kommt dann nur ein Lachen oder Nicken. Diesmal ein Lachen. Charly, der mir gefolgt ist, zockelt träge aus der Tür und lässt uns allein.

»Dschäääössss«, sage ich.

»Dschäääössss«, sagt Bob.

Das kann man gut mit ihm, Sprüche machen. Ich frage ihn, ob es sich lohnt. Das geht auch, ganz Großes oder ganz Kleines kann man mit ihm bereden. Ich frage ihn, ob es sich lohnt, so ganz allgemein.

»Ich dachte, wenn man mal einen fragt, dann dich, Bob, wo du doch so viel erlebt hast.«

Er sieht mich mit glücklichen Augen an, gluckst und setzt sich auf. Er trägt ein Unterhemd, auf seiner verhärmten Brust liegt das silberne Kreuz seiner Kette. Das habe ich nie verstanden, warum noch die abgefahrensten

Amerikaner immer was mit Jesus haben. Elfrun kommt rein und wischt Bob mit einem Waschlappen im Gesicht rum. Bob lacht und sagt: »Oh man.« Das sagt er andauernd. Wenn was von ihm kommt, dann meist diese gemütvollen Füllsel: *oh man* und *wow* und *alright*. Ich frage ihn noch mal, ob es sich lohnt. Und er gibt mir eine klare Antwort, das erstaunt mich. Nämlich *Gebäude*. Das sagt er auf Deutsch.

Ich frage: »Gebäude, buildings?«

Und er sagt: »Yeah, right man, buildings.«

Elfrun faltet ihren Waschlappen zusammen und sieht mich an: »Gehen wir in die Küche und lassen ihn schlafen.«

Der Kaffee ist heiß und der Hund ein Schatz. Eine wurstförmige Gutmütigkeit mit Überbiss. Man hatte ihn nach der Geburt einschläfern wollen, aber dann hat Elfrun ihn genommen und Charly genannt. Charly ist immer so müde wie sein Frauchen. Er gähnt und verkriecht sich unter dem Tisch.

»Weißt du, Elfrun, ich finde es immer noch schön, wie ihr es hier habt.«

Elfrun sitzt schwer auf dem Stuhl, streicht sich das Haar zurück und fasst es im Nacken zusammen. Früher hatte ich in ihrer Gegenwart immer das Gefühl, es seien mindestens sechzig Prozent von mir anwesend. Also ziemlich viel. Jetzt weiß ich nichts zu sagen. Ich streichle Charly unter dem Tisch, erreiche aber nur sein Ohr. Eine lächerliche und unbequeme Bewegung.

Das Gästezimmer befindet sich ganz oben neben Bobs Zimmer und ist mit Gerümpel vollgestellt. Neben dem

Bett steht ein Regal mit Sachbüchern. Kybernetik, Parapsychologie, dafür hat sich irgendwann mal jemand interessiert. Unter der Steppdecke wird mir schnell warm, eine befremdliche Wärme, obwohl es meine eigene ist. Von Bob ist nichts zu hören.

Vorletztes Jahr hat er noch gesungen. Überhaupt ist er ziemlich lange fit geblieben, wenn man bedenkt, wie viele Drogen er in seinem Leben genommen hat. Ich denke immer, dass das Leben so Leute wie ihn belohnt. Andere spielen ihr Leben lang Badminton, messen regelmäßig den Blutdruck und sterben trotzdem früh. Weil sie zu bescheiden sind, auf eine geizige Art. Aber Bob ist ganz anders, vorletztes Jahr beim Frühlingsfest ist er sogar noch mal runter in den Hof und hat den »St. Louis Blues« gesungen. Die Gäste waren begeistert, Freunde von früher, die wie jedes Jahr wieder Fischsuppe, Reissalat und Tiramisu mitbrachten. Fackeln brannten. Einer hatte Bücklinge in einen Blumenstrauß eingeflochten, und das war ja schon ganz originell. Vielleicht eine etwas kümmerliche, aber eigentlich eine gar nicht zu verachtende Lebensfreude. Und diese Gäste standen auf beim Klatschen, denn Bob stand ja als beeindruckendes Männchen da, verschrumpelt und schwarz und weise, sich etwas puppenhaft verbeugend. Da dachten natürlich alle: Mann, der hat noch mit Bill Haley zusammen gespielt, da stehen wir mal auf beim Klatschen, weil wir selbst in unserem Leben nur Vogelknödel geknetet haben. Dass Bob nur mäßig sang, spielte keine Rolle, er sagte zwischendurch immer *wow* und *alright*, und das klang dann eigentlich ganz gut.

Am nächsten Morgen riecht es im Bad nach Elfruns Shampoo. Unter dem Waschbecken liegen ihre Tampons und ich denke sofort: Vielleicht hat sie heute einen drin. Ich werde nicht erwachsen. In der Küche bin ich erstaunt, Bob anzutreffen. Er sitzt einigermaßen aufrecht und wird von Elfrun massiert. Ich habe das Gefühl, dass sie gerade über mich gesprochen haben.

»Good Morning«, sagt Bob.

Elfrun hilft ihm auf und bringt ihn zurück ins Bett. Als sie wiederkommt, stehe ich am Waschbecken und spüle, denn ich bin entschlossen, mich nicht in Unwirklichkeitsgefühle hineinzusteigern. Das ist auch so eine Krankheit: Wenn man nur beobachtend herumhängt, meint man plötzlich Hinweise auf alles Mögliche zu entdecken. Diese dumpfen, hypnotisierenden Tage zwischen den Jahren. Ich sage mir: Sei wach, nuschel nicht, nimm die Murmeln aus dem Mund, sieh den Leuten mal in die Augen. Ich trockne mir die Hände ab, drehe mich um und stehe gerade, ohne Spielbein.

»Bob geht es ganz gut, oder?«

Elfrun zuckt mit den Schultern und setzt sich. Ich setze mich ihr gegenüber.

Ich sage: »Verschickt ihr dieses Jahr keine Einladungen für das Frühlingsfest? Man muss doch feiern! Ich habe mich schon darauf gefreut!«

Elfrun sieht mich mit kleinen Pupillen an.

»Heute Nachmittag kommt Anja«, erklärt sie zusammenhangslos.

Dann ergreift sie plötzlich meine Hand und drückt sie so fest, dass es wehtut. Sie sagt: »Was willst du hier?«

2

Als ich aus dem Haus trete, habe ich das Gefühl zu wachsen. Ich fülle die beiden Eimer in der Scheune mit Körnern und gehe zum Hühnerhaus. Die Viecher hacken ihre Zuckbewegungen in die Luft und laufen unkontrolliert herum. Sobald ich ihnen die Körner hinstreue, picken sie drauflos, wahnsinnig schnell. Wahrscheinlich würde es sich sonst gar nicht lohnen, sie picken ja immer nur ein Korn, diese unterentwickelten Batzen. Vielleicht eine Art Resteverwertung Gottes, die Hühner, wie wenn man beim Keksebacken noch ein bisschen Teig übrig hat und dann so kleine, blöde Popel daraus macht.

Hinter dem Hühnerhaus steht der aufgebockte, hundertjahregrüne Wohnwagen, in dem Anja und ich früher schliefen.

Tagsüber war sie der Chef. Ich musste ihr auf allen Vieren durch die Felder folgen, sie nannte mich Hund. Wenn wir hinten an der Pferdekoppel auf ältere Jungs trafen, tat sie, als liefe ich ihr ungefragt hinterher. Die Jungs lehnten mit den Armen über dem Zaun und sie stand davor und redete mit ihnen. Ich stellte mich auch hin. Den Rückweg gingen wir normal. Nachmittags drang Madonnas Stimme aus Anjas Zimmer, und wenn sie barfuß herauskam, roch es nach Parfüm. Beim Essen blähten wir heimlich die Nasenlöcher auf und kicherten, bis Elfrun sagte: »Lasst das.«

Wenn Anja im Wohnzimmer Ballett übte, lag ich flach auf dem groben Teppich, der mistig roch, wie alles in diesem Haus. Es roch nach Hund und nach diesen Menschen mit ihren merkwürdigen Möbeln und Sätzen, und ihrem ewigen Mais zum Abendbrot. Immer Mais. Wenn Anja fertig geübt hatte, sagte sie mir Sachen, die mich schockieren sollten. Sie saß aufrecht vor mir auf dem Teppich und sah die Spitzen ihrer Ballettschuhe an. »Hast du schon mal Scheiße gegessen? Du kannst es ruhig zugeben, jeder hat schon mal Scheiße gegessen!«

Da fiel mir nie was zu ein. Ich wusste auch nicht, warum sie so was sagte. Aber an Sommerabenden im Wohnwagen unter der Decke kuschelte sie sich an mich, als wäre ich der Ältere, dann sagte sie plötzlich Sachen wie »Ich bewundere dich, du bist so stark«. Wahrscheinlich probierte sie wahllos Sätze aus. Sie legte ihre Lippen an meinen Hals und ihr Ärmchen federleicht auf meine Brust. Mir war nicht ganz klar, was Sex ist, aber ich nahm an, dass das schon etwas in der Richtung sein musste. Wenn ich nachts aufwachte und es still war, schob ich meine Nase näher an ihr blondes, nach Ästen riechendes Haar und freute mich auf den nächsten Tag. Da könnte ich wieder Hund sein.

Als ich aus dem Hühnerhaus komme, fährt das Taxi vor. Eine junge Frau mit einer Sporttasche steigt aus, schmeißt die Tür zu und geht, die Tasche in der Rechten, auf das Haus zu. Sie trägt einen schwarzen Anorak und hat lange blonde Haare. Ich erkenne sie natürlich. Kurz darauf komme ich in die Küche, aber da sitzt nur Elfrun und liest Zeitung, als wäre die Zeit eine Fliege, die man totschlagen kann.

»Ist da gerade jemand gekommen?«

Elfrun sieht auf und an mir vorbei, und als ich mich umdrehe, stehe ich Anja im Weg. Sie trägt eine etwas zickige Brille, aber es sind noch ihre Augen, die mich ansehen.

»Hallo«, sage ich.

Elfrun steht auf und kocht Kaffee, Anja und ich setzen uns, und bevor wir unser kleines Schweigen überwinden können, redet Elfrun drauflos wie früher, legt diesen familieninternen Klang in ihre Stimme, irgendwo zwischen plaudernd und ironisch und ehrlich. »Gut angekommen? Hunger? Müde? Käsebrot? Nudeln?«

Natürlich soll Anja erzählen und das scheint ihr nicht schwerzufallen. Sie bringt ein bisschen London mit und Flughafen. Ihre Stimme ist angenehm laut in diesem versackten Haus. Ich frage etwas, aber meine Stimme verhungert, der Satz kommt nur halb raus. Beide gucken mich an.

»Egal«, sage ich, »egal«.

Nach einer Weile ist meine Kaffeetasse leer, also muss ich sie wohl getrunken haben. Ich räuspere mich und rutsche hin und her, um dazubleiben. Mein Problem ist, dass die Gedankenstimme, die sich selbstständig macht, mehr zu mir gehört als die, mit der ich sonst denke. Wie wäre es, jetzt aufzustehen und in den Fliegenfänger zu beißen? Wie wäre es, auf den Tisch zu steigen und zu sagen: Anja, ich würde gerne deine Zähne lecken?

Als Elfrun die Küche verlässt, um Bob einen Tee zu bringen, gucke ich an die Wand. Anja guckt auch an die Wand.

»Du trägst ja Bart«, sagt sie nach einer Weile.

»Ja«, sage ich laut. Ich sehe sie aus den Augenwinkeln an. Sie hat ein Bein hochgezogen und sitzt mir zugewandt, aber es ist kein Platz mehr, es ihr gleich zu tun. Ihr weicher, eng anliegender Pullover zeichnet die leichte Schwellung ihrer Brüste nach. Ich frage mich, ob sie mich attraktiv findet. Manche Menschen fühlen sich ja ungeheuer von Leuten angezogen, die nichts sagen.

Plötzlich steht Elfrun in der Tür und sagt: »Notarzt.«

3

Die Familie ist oben und ich stehe am Telefontisch im Flur. Anja hat mich angewiesen, einen Krankenwagen zu rufen. Über dem Telefontisch hängt ein kleiner Kalender mit Herbstimpressionen. Ich nehme den Hörer ab und wähle.

Als ich hochgehe, steht Elfrun in der Tür, so dass ich mich an ihr vorbeischieben muss. Anja sitzt am Fußende des Bettes. Ich trete zurück an die Wand und frage mich, was ich mit dieser Familie zu schaffen habe. Ich denke kurz an Minigolf. Anjas Blick streift mich. Es steht ihr, todernst zu gucken. Bob liegt gekrümmt auf dem Bett wie ein Baby, er trägt nur Unterhose und Unterhemd, dennoch ist er schön, diese ganze Familie ist so abartig schön. Anja sieht zu ihrer Mutter auf: »Nein wirklich, Mama, ich glaube, es geht ihm gut, wir sollten den Krankenwagen abbestellen.«

Bob kichert leise vor sich hin. Etwas verwirrt, aber das kennt man ja. Der Bluesman und Astronaut, voll von Sonnenfinsternis und Jazz und Liebe. Es scheint eher Elfrun zu sein, die Hilfe braucht.

Zum Mittagessen gibt es Mais. Anschließend schlägt Anja vor, spazieren zu gehen.

Charly läuft zwischen den Feldern voraus und wenn

Anja ihn ruft, sieht er sich ganz erstaunt um, als hätte er gar nicht vorgehabt, sich ins Feld zu verdrücken. Dann trippelt er mit scheinheiliger Beiläufigkeit weiter, um schließlich doch noch zu verschwinden.

Anja erzählt von den oberflächlichen Leuten in London, ist aber intelligent genug, das Wort *oberflächlich* zu vermeiden. Ich sage absichtlich Unvermitteltes: »Man müsste Minigolfbahnendesigner sein!«

Ich hoffe, ihr gefällt meine verrückte Art. Ich erzähle ihr von dem Parapsychologie-Buch, das ich gefunden habe, und sie guckt, als würde sie mich mögen. Sie wirkt selbstsicher und hat sich trotzdem etwas Zögerliches bewahrt, finde ich. Ich sage: »Du bist dieselbe geblieben.«

Das ist mein Vorsatz fürs nächste Jahr, ehrliche Sachen sagen. Weil ich es selber mag, wenn Leute sagen: Hallo, schön dass du da bist. Anja guckt süß, das kann sie also auch. Wir geraten in ein Weißt-du-noch-Gespräch, und wir wissen noch, dass wir eine eigene Sprache hatten, zu der das Wort »Blapp« gehörte. Ich weiß, dass ich nur ein Junge war, der vor dem Radio in der Küche saß und sich nicht groß empfand, bis ich mit Anja rausging und wir »Blapp« sagten. Da waren wir wer. Wir hatten ein ganzes System, alles war entweder Blapp oder nicht. Im Wohnwagen las uns Elfrun zum Einschlafen Geschichten vor. Von der Prinzessin, die nicht mehr aus dem Bett kommen wollte, wenn sie keinen Schokoladenkuchen bekäme. Es gab aber im ganzen Land keine Schokolade. Schließlich brachte ihr jemand einen Zitronenkuchen und sagte, es wäre Schokoladenkuchen. Das Mädchen glaubte ihm und aß fortan jeden Tag fünf Zitronenkuchen, bis sie so dick wurde wie ein Wal und platzte.

Anja und ich lagen mit verknoteten Füßen im Bett und hörten zu. Bevor sie ging, streichelte Elfrun uns über den Kopf. Es wäre natürlich seltsam gewesen, wenn sie nur ihrer Tochter über den Kopf gestreichelt hätte, andererseits mochte sie mich vielleicht tatsächlich. Darüber habe ich damals nachgedacht. Anja erinnert sich nur noch an uninteressante Sachen.

»Elfrun hat sich irgendwie verändert«, sage ich.

Wir erreichen den See hinter den Feldern. Er ist zugefroren, Kinder in bunten Anoraks laufen darauf Schlittschuh. Sie schreien und haben jetzt ihre Kindheit. Anja und ich überqueren den See ganz langsam, Schritt für Schritt. Ein Junge, der offenbar niemanden zum Spielen gefunden hat, guckt uns an. Anja winkt ihm zu, das wirkt sehr erwachsen. Andere Kinder ziehen einen Hund am Schwanz übers Eis und der Hund guckt sich ängstlich um. Zwei Jungen hauen mit Stöcken Löcher in die Eisdecke und befreien dadurch singende Töne. Sonst passiert nicht viel, die Erde ist blau mit braunen Flecken. Wir drehen um, Anja nimmt meine Hand. Auf der Landstraße halten wir immer noch Händchen und ich schlenkere mit dem Arm, um die Situation zu entkrampfen, nach dem Motto: Witzig, wir halten ein bisschen kitschig Händchen. Die Sonne steht uns gegenüber.

4

Im Flur sehen wir durch die halb offene Tür ins Wohnzimmer. Elfrun trägt ihren grauen Jogginganzug und steht da wie ein umgedrehtes L, die Hände ausgestreckt, dann wie ein T, mit dem Rücken zu uns. Als wollte sie ein Gedicht tanzen, Buchstabe für Buchstabe. Elfruns Freundin Ingrid ist da und macht mit Elfrun Qigong. Wir hören Ingrids erdsanfte Stimme und kichern beim Schuheausziehen. Anja stützt sich auf mich und lächelt mir komplizenhaft zu, ihr Blick, ich kann es nicht anders sagen, berührt mein Herz.

»Geh schon mal in mein Zimmer, ich hole uns einen Wein!«

Ich gehe die Treppe hoch und sehe, dass Licht in Anjas Zimmer brennt. Als ich eintrete, fällt mir zuerst das Poster von Madonna auf. Anjas altes Bett mit der Pferdebettwäsche, die Parfümfläschchen auf dem Regal. Dann entdecke ich Jonas, der wie ein Chamäleon auf dem Sofa unter dem Fenster sitzt und grinst.

Jonas ist Ingrids Sohn und etwas zurückgeblieben. Seine Stoffhose ist zu kurz, sein Pullover kariert und muttersöhnchenhaft. Sein Kopf zu groß und rot, seine Haare das, was rauskommt, wenn man beim Frisör sagt: einmal alles kurz. Er sieht aus wie früher.

Als Anja mit dem Wein und zwei Gläsern kommt, lässt sie sich nichts anmerken und lächelt.

»Hallo Jonas, dich habe ich ja auch lange nicht gesehen!«

Jonas schweigt. Anja stellt Wein und Gläser auf dem Boden ab, macht leise Gitarrenmusik an und setzt sich zu mir aufs Bett.

»Magst du die Musik?«

Sie schenkt Wein ein, reicht mir ein Glas und wendet sich mir zu, im Schneidersitz. Ich tue es ihr gleich und Jonas verschwindet aus meinem Blickfeld.

»Oder findest du, dass das Frauenmusik ist?«

»Nee, gar nicht«, sage ich, »ich mag kitschige Musik,

was soll man in einem Liebeslied auch anderes singen als »Du bist so schön« oder »Ich liebe dich«?

Anja trinkt Wein und schenkt sich noch mal nach, stellt das Glas hin, zupft Flusen aus der Decke und hat plötzlich meine Hand in ihrer. Sie streichelt sie, als gäbe es darauf auch Flusen. Ich nehme ihre Hand, drehe sie um und streichle ihre Handinnenfläche. Sie sieht mich zweimal ganz kurz an, dann wieder auf die Bettdecke. Plötzlich zieht sie ihre Hand weg.

»Willst du auch ein Glas, Jonas?«

Jonas grinst nur. Anstrengend zu sein findet er offenbar besser, als gar nicht stattzufinden.

Anja sagt: »Wenn du kein Wort sagst, kannst du genauso gut runtergehen, Jonas. Weißt du, wir würden uns gerne ein bisschen unterhalten, und wenn du nur da sitzt und kein Wort sagst, ist es irgendwie blöd.«

Jonas grinst. Anja sieht mich an und zuckt mit den Schultern. Sie nimmt meine Hand, massiert meine Handinnenflächen, so wie ich es bei ihr getan habe, und ich sage: »Ich dachte schon, du magst das nicht.« Ich will zu ihr rüberrutschen und stoße dabei die Weinflasche um. Als ich mit dem Handtuch vom Klo zurückkomme und auf allen Vieren den Wein aus dem groben Teppich reibe, muss ich lachen.

»Weißt du noch, wie ich immer dein Hund war?«

Anja nickt: »Ich war manchmal ganz schön gemein zu dir, oder?«

Sei es wieder, denke ich. Ich belle. Ich wackle mit dem Hintern, wie Charly mit dem Schwanz, und lege den Kopf schief wie Charly, wenn er streichelbedürftig ist, stupse Jonas Beine an und knurre zu ihm hoch.

Er grinst.

Ich beiße ihm in die Jeans und er hebt das Bein und probiert, mich abzuschütteln.

»Hau ab, du Hund«, sagt er und an der Art, wie er lacht, merkt man, dass er doch älter geworden ist. Einen Moment lang ist es, als wären wir Freunde. Ich krieche wieder zu Anja und schnüffle an ihren Füßen, an ihren gelben Socken. Beiße ihr in den Zeh, bis sie quiekt und ihn mir aus dem Mund zu ziehen versucht. Sie stößt mich vor und zurück, aber ich halte ihn fest. Dann gähnt sie, und wie sie dort an der Wand lehnt und gähnt, hat sie etwas Unerreichbares an sich, so eine Sauberkeit.

»Tut mir leid, dass ich es dir versaut habe«, sagt Jonas.

Ich sehe ihn an.

»Du wolltest sie ficken«, sagt er. »Ich würde Anja auch gerne ficken, aber das will sie nicht.«

Ich hasse ihn dafür, dass er dieses Wort benutzt, mit gepresstem Gesicht und spuckend.

»Ich habe noch nie gefickt«, sagt er.

Anja guckt mich müde an. Jonas sitzt auf dem Sofa unter dem schwarzen Viereck des Himmels und sieht jetzt, nach seinem Sieg, wie ein schicker Insider aus, der sich nur als Idiot verkleidet hat. Die Kassette läuft zu Ende, und als Anja sie nicht umdreht, ist der Abend gelaufen und das ganze vergangene Jahr irgendwie auch. Nicht viel ist passiert. Vom Mond aus muss es aussehen, als wäre noch viel weniger passiert. Aber was sieht man schon vom Mond aus?

5

Am nächsten Morgen stehe ich mit nacktem Oberkörper im Wohnzimmer, Ingrid gegenüber. Ingrid erklärt, sie müsse mich erst *sehen*, bevor sie mich massieren könne. Sie hat eine Verbrennung an der linken Wange, ein knittriger Fleck, der ein Eigenleben führt, und sagt: Sieh mich an, bleib mit den Augen bei mir. Ingrid nickt langsam und spricht aus der Stille heraus: »Leg dich hin.«

Ich lege mich bäuchlings auf die Matte in der Mitte des Wohnzimmers, mit Blick auf die kleine Andachtsecke, die Elfrun aufgebaut hat. Ein paar Kerzen auf einem Tisch und ein Foto von Bob, obwohl er noch gar nicht tot ist. Bob lächelt mir vom Foto aus zu. Ingrid kniet sich neben mich, ich höre das Glibschen des Öls, mit dem sie sich die Hände einreibt. Dann zupft sie meine Hose ein klein wenig runter, und dort, am Arschansatz, sind offenbar viele Nerven, jedenfalls ist es angenehm, als sie ihre Hand dort ablegt. Mit der anderen Hand klopft sie nach einem System bestimmte Stellen meines Rückens ab. »Du spürst meine Hände«, sagt sie, »du spürst, dass ich dich berühre und dass auch du mich zurück berührst«.

Ich rieche ihren Atem, eine säuerliche Wärme. Dann fährt sie mit der Hand in meine Jeans und legt ihre Hand auf meinen Arsch. Ich schrecke hoch und sehe Anja in der Tür.

Nachmittags gucke ich noch ein letztes Mal bei Bob rein. Er sieht mich ernst an und nickt. Diesmal ein Nicken. Charly liegt platt und großzügig auf dem Boden ausgestreckt. Er wedelt schlapp mit dem Schwanz, zieht die Augenbrauen hoch und weiß, wer ich bin. Ich beuge mich runter und streichle ihn, und als ich an meinen Händen rieche, stinken sie. Die anderen sind im Wohnzimmer, ich höre sie plaudern, habe aber keine Lust, noch einmal hineinzugehen. Heute ist Silvester.

Der Schnee blendet in der Nachmittagssonne, als ich auf die Straße trete. An der Haltestelle stehen zwei Typen und reichen eine Flasche hin und her.

»Hey, du da«, ruft der eine. Ich sehe ihn an. Der andere nimmt ihm die Flasche ab und sagt: »Komm, lass den.« Als der Bus kommt, steigen wir ein. Ich setze mich ganz hinten hin, die beiden Jungs setzen sich in den Vierer vor mir. Der eine sagt zu seinem Kollegen: »Ey, ich rauch jetzt hier ne Kippe, was meinste, geht doch, oder?« Der andere sagt: »Klar, drück doch mal auf den Knopf, dann kommen die Aschenbecher rausgefahren«.

Ich sehe aus dem Fenster und muss grinsen, den Spruch finde ich irgendwie gut.

Autoren und Herausgeber

Anna von Bayern, geboren 1978, veröffentlichte Kurzgeschichten in Anthologien und Zeitschriften wie *Die Horen*, *Am Erker*, *Krachkultur*, *ndl*, *TANK*. Sie studierte Geschichte und Politik an der Stanford University und arbeitet als Journalistin. Mit Mann und Sohn lebt sie in Berlin und München.

Luise Boege, geboren 1985 in Würzburg am Main, studiert seit 2004 am Deutschen Literaturinstitut in Leipzig. Sie belegte den ersten Platz beim Wettbewerb des Leipziger Hörspielsommers und veröffentlicht in Zeitschriften und Anthologien. Preisträgerin beim 14. open mike 2006.

DBC Pierre, in Australien geborener Brite, aufgewachsen in Mexiko, wurde mit seinem Debütroman *Jesus von Texas* bekannt, für den er 2003 den Booker Price gewann. 2009 wird sein neuer Roman erscheinen und die lose Trilogie über Endzeiten beschließen, zu der auch sein zweiter Roman *Bunny und Blair* gehört.

Saskia Fischer wurde 1971 in Schlema im Erzgebirge geboren. 1986 übersiedelte sie mit ihrer Familie nach Nordrhein-Westfalen. Sie studierte kurzzeitig Germanistik und Theater-, Film- und Fernsehwissenschaften an der Ruhruniversität Bochum und war in verschiedenen literaturvermittelnden Institutionen tätig. Nach einem Aufenthaltsstipendium des Berliner Senats am Literarischen Colloquium zog sie 2006 nach Berlin um.

Claudio Gutteck, geboren 1977, hat Soziologie, Theologie und Physiologie studiert. Er lebt in Berlin.

Susanne Heinrich wurde 1985 in Leipzig geboren. Für ihre Literatur erhielt sie diverse Stipendien und Preise, u. a. ein Stipendium der Bundesakademie für kulturelle Bildung Wolfenbüttel und den Publikumspreis des Hattinger Förderpreises, 2005 nahm sie am Wettlesen um den Ingeborg-Bachmann-Preis teil. Nach einem einjährigen Studium am Deutschen Literaturinstitut lebt und arbeitet Susanne Heinrich in Coburg. Im Frühjahr 2009 erscheint ihr drittes Buch *So, jetzt sind wir alle mal glücklich*.

Barbara Höfler, geboren 1977, studierte Kommunikationswissenschaft, Politik und Europäische Ethnologie, außerdem absolvierte sie die Deutsche Journalistenschule in München. Sie ist Kolumnistin beim BR-Radiomagazin Zündfunk sowie beim Magazin der *Frankfurter Rundschau* und arbeitet für *NEON*.

Tobias Hülswitt, geboren 1973, lebt und arbeitet in Berlin. www.institut.korsakow.com

Markus Kavka ist 1967 in Ingolstadt geboren. Nach Abitur und Studium schrieb er zunächst für diverse Musikmagazine und moderierte beim Radio. Von 1995 bis 1999 moderierte er bei VIVA, seit 2000 steht er für MTV vor der Kamera. Er veröffentlichte die Bücher *Elektrische Zahnbürsten*, *Mach mir mal 'ne Nudelsuppe* und *Hamma wieder was gelernt*. Markus Kavka lebt und arbeitet in Berlin.

Harriet Köhler, geboren 1977, lebt in München und Frankfurt am Main. 2007 erschien ihr Debütroman *Ostersonntag*, ein zweiter ist in Arbeit.

Karsten Kredel, geboren 1973, ist Lektor und Übersetzer. Er lebt in Frankfurt am Main.

Detlef Kuhlbrodt, geboren 1961 in Bad Segeberg, schreibt seit den Achtzigern für Zeitungen und Zeitschriften, vor allem für die *taz*. 2007 veröffentlichte er sein Buch *Morgens leicht, später laut*, 2008 wurde er mit dem Ben Witter Preis ausgezeichnet. Er lebt in Berlin.

Hans Nieswandt, geboren 1964 in Mannheim, ist seit vielen Jahren in der DJ- und Clubkultur, der elektronischen Musikproduktion und im gehobenen Popjournalismus aktiv. Ausgedehnte DJ- und Vortragsreisen führten ihn rund um die Welt. Allein und im Team mit Whirlpool Productions erschienen bis heute sechs Alben und unzählige Remixe. 2002 erschien sein erstes Buch *plusminusacht. DJ Tage, DJ Nächte*, 2006 folgte *Disko Ramallah*.

Thomas Pletzinger, geboren 1975 in Münster, studierte Amerikanistik und Medienkultur in Hamburg. Dort und in New York arbeitete er für Buchverlage und Literaturagenturen. Nach einem zweiten Studium am Deutschen Literaturinstitut Leipzig lebt er nun in Berlin. Für sein Romandebüt *Bestattung eines Hundes* erhielt er den Förderpreis zum Großen Kulturpreis der Sparkassen-Kulturstiftung Rheinland. www.thomaspletzinger.de

Rainer Schmidt arbeitete nach dem Studium mehrere Jahre als Journalist in London (BBC World Service), danach für große deutsche Magazine in Hamburg (u.a. *ZEITmagazin*, *SPIEGEL-reporter*) und zuletzt in Berlin (Vanity Fair), wo er heute als freier Autor lebt. Im Februar 2008 erschien sein Debütroman *Wie lange noch*. www.rainer-schmidt.org

Malin Schwerdtfeger, geboren 1972 in Bremen, veröffentlichte u.a. den Erzählband *Leichte Mädchen*, die Romane *Café Saratoga* (2001) und *Delphi* (2004), sowie den Zeitzeugenbericht *Versuche dein Leben zu machen* (2008). Im Herbst 2008 ist ihr erstes Kinderbuch erschienen: *Die Kürbiskönigin*. Malin Schwerdtfeger lebt mit ihrer Familie als freie Autorin in Berlin.

Thomas von Steinaecker wurde 1977 geboren und lebt in Augsburg und München. 2007 erschien sein Debütroman *Wallner beginnt zu fliegen*, der u.a. mit dem Aspekte-Literaturpreis und dem Förderpreis des Kulturkreises der Deutschen Wirtschaft ausgezeichnet wurde.

Andreas Stichmann, geboren 1983 in Bonn, studiert seit 2005 am Deutschen Literaturinstitut Leipzig. Längere Aufenthalte in Südafrika. Im Spätsommer 2008 ist sein Erzählband *Jackie in Silber* erschienen. www.andreasstichmann.de

Moritz von Uslar, geboren 1970, Volontariat bei der Zeitschrift *Tempo*, Redakteur und Autor beim *Süddeutsche Zeitung Magazin* und beim *Spiegel*. Veröffentlichte u. a. gesammelte Interviews *100 Fragen an ...* (2004), die Theaterstücke *Freunde* (2000), *Freunde II* (2001) sowie *Abso-fuckin-lutely / The Best of Lulu* (2004). 2006 erschien sein Roman *Waldstein oder Der Tod des Walter Gieseking am 6. Juni 2005.*

Driving Home

Weihnachtsgeschichten

Herausgegeben von
Jörn Morisse und Stefan Rehberger
st 3810. 168 Seiten

Driving Home … for Christmas. Einmal im Jahr fahren Heerscharen gestandener Großstädter zu ihren Eltern, um sich – Widerstand zwecklos – wieder in Söhne und Töchter zu verwandeln. Es erwarten sie: eherne Rituale, das alte Kinderzimmer, abendliche Treffen mit anderen Heimkehrern, die auch nicht jünger werden. Und eine Befangenheit, die erst verfliegt, wenn sie anderen davon erzählen und den Druck dadurch verpuffen lassen können – bis zum nächsten Jahr. Driving Home, das sind leichte, bittere, ironische und nostalgische Geschichten – ein unterhaltsames und geistvolles Lesebuch mit Originaltexten von Natalie Balkow, Paul Brodowsky, Kerstin Grether, Guy Helminger, Kathrin Passig, Jagoda Marinić, Thees Uhlmann, Kevin Vennemann, Linus Volkmann und vielen mehr.

NF 605/1/7.07

The Gold Collection

Neue Weihnachtsgeschichten

Herausgegeben von Karsten Kredel und Jörn Morisse
st 3912. 180 Seiten

Weihnachten kommt verläßlich jedes Jahr, genau wie das Bedürfnis, sei es aus Lust oder vor lauter Grauen, darüber zu reden, etwas darüber zu lesen – als wäre es das erste Mal. Im Anschluß an den Erfolg von *Driving Home*: Zwanzig neue Perspektiven aus der jungen Literatur auf eine der unberechenbarsten Konstanten des Lebens. Mit Texten von Rabea Edel, Gregor Hens, Wolfgang Herrndorf, Darius James, Harriet Köhler, Andreas Maier, Stefan Rehberger, Anton Waldt, Maike Wetzel, Julia Zange, Raul Zelik und anderen.

NF 607/1/7.07

Albert Ostermaier

Für den Anfang der Nacht.

Liebesgedichte
suhrkamp taschenbuch 3863
140 Seiten

abtropfen
wenn unsre lippen augen haben hör
besser auf mich anzusehen & schmink
dir diese blicke ab die an mir kleben
bleiben werd ich nie was soll die
augenwischerei uns bindet nur die
haut & die hat sich genug erregt lass
mich dich trösten kann ich nicht zum
weinen hab ich nur spucke übrig

NF 678//5.08

Ida Jessen

Leichtes Spiel

Roman
Aus dem Dänischen von Angelika Gundlach
st 4024. 208 Seiten

Gesucht wird: alleinstehender Mann mittleren Alters, wohlhabend, gutmütig.

Der 40jährige Joachim hat einen guten Job, eine attraktive Eigentumswohnung im Zentrum von Kopenhagen, ein hübsches Sommerhaus im Grünen. Da lernt er die zehn Jahre jüngere, alleinerziehende Susan kennen. Bald kommt der gemeinsame Sohn Jacob zur Welt, und Joachim wähnt sich am Ziel seiner Wünsche: Teil einer glücklichen Familie zu sein. Aber in Susan hat er sich getäuscht. Wie weit wird Susan gehen? Wie weit wird Joachim nachgeben? Ida Jessen hat mit ›Leichtes Spiel‹ einen dramatischen Beziehungsthriller geschrieben, der einen nicht mehr losläßt.

NF 682/1/6.08

Erling Jepsen

Die Kunst, im Chor zu weinen

Roman
Aus dem Dänischen von Ulrich Sonnenberg
suhrkamp nova. 267 Seiten

Allan, der elfjährige Sohn des Milchmanns, weiß, wie man zu Tränen rührt. Zusammen mit seinem Vater besucht er sämtliche Beerdigungen des Ortes. Die Grabreden des Vaters – unterstützt durch den traurigen Blick des Sohnes – bringen die Angehörigen unweigerlich zum Weinen; und da eine gute Rede dem Umsatz des elterlichen Ladens zugute kommt und zudem die »psychischen Nerven« des Vaters beruhigt, ist die Logik für Allan klar: des einen Tod, des anderen Brot. Aber was tun, wenn die Todesfälle ausbleiben? Wer hat das Feuer gelegt, in dem Allans Großmutter umkam? Wird die große Schwester deshalb wenig später in die Psychiatrie gebracht? Oder etwa, weil sie nicht länger mit dem Vater auf dem Sofa schlafen mag? Eine abgründige Familiengeschichte, geschildert aus dem treuherzigen Blickwinkel eines Elfjährigen, dem die familiäre Harmonie über alles geht und dem es deshalb zunehmend schwerer fällt, »Gut« und »Böse« voneinander zu unterscheiden.

NF 688/1/7.08

Carole L. Glickfeld

Meines Vaters Liebling

Roman
Aus dem Amerikanischen von Mirjam Pressler
suhrkamp nova. 260 Seiten

Der wichtigste Mann im Leben eines Mädchens ist – häufig genug – ihr Vater. Schwierig, wenn es sich dabei um einen launischen Patriarchen handelt, der auch vor Prügeln nicht zurückschreckt. Noch schwieriger, wenn man erst neun Jahre alt ist und sein erklärter Liebling. Wie weit würde man gehen, um die Familie – die älteren Geschwister, die strenge, aber fürsorgliche Mutter – vor dem eigenen Vater in Schutz zu nehmen?
Ruthie Zimmer meistert ihre Kindheit in einem der weniger glamourösen Viertel Manhattans mit Intelligenz und wacher Neugierde. Zwanzig Jahre später, als erwachsene Frau, kehrt sie dorthin zurück und wagt sich an die Auseinandersetzung mit den alten Erinnerungen und mit ihrem schwierigen, geliebten Vater.
Temperamentvoll und mit warmherzigem Humor erzählt Carole L. Glickfeld, die Autorin des Bestsellerromans *Herzweh*, von einer Familie im New York der fünfziger Jahre, vor allem aber von einer Beziehung zwischen Tochter und Vater, die trotz aller dramatischen Spannungen unauflöslich scheint.

NF 687/1/7.08